경상대학교 사회과학연구원 사회과학연구총서 45

자본의 세계화와 한국사회의 계급구조 변화

Globalization of Capital and the Changes of Class Structure in Korea

경상대학교 사회과학연구원 엮음

정진상·장귀연·김영수·장상환·장대업 지음

한울
아카데미

이 도서의 국립중앙도서관 출판예정도서목록(CIP)은 서지정보유통지원시스템 홈페이지(http://seoji.nl.go.kr)와 국가자료공동목록시스템(http://www.nl.go.kr/kolisnet)에서 이용하실 수 있습니다.
CIP제어번호: CIP2015032088(양장)

차례

1980년대 이후 본격적으로 전개된 신자유주의적 세계화는 자본의 재생산 및 축적 방식의 심대한 변화를 초래했을 뿐만 아니라 국민국가 내부의 계급 구성 및 형성에서도 중요한 변화를 가져왔다. 이 책은 자본의 세계화가 초래한 한국의 계급구조 변화를 분석한 것이다. 모두 다섯 개의 장으로 구성되어 있는 이 책의 내용을 간단히 요약하면 다음과 같다.

제1장 신자유주의 시대 한국의 계급구조에서 장귀연은 신자유주의 축적체제에서의 계급적 양상의 특징인 경제적 불평등의 심화가 계급위치에 따라 차별적으로 나타날 것이라는 전제하에 자본 축적 방식의 변화에 따른 한국의 전체 계급구조의 변화를 추적한다. 그는 '경제활동인구조사 자료'와 '가계동향조사 자료'를 사용해 신자유주의적 불평등과 양극화 경향이 각각의 계급에 어떤 영향을 미쳤는지를 분석하고, 성균관대학교 서베이리서치센터의 '한국종합사회조사 자료'를 활용해 계급위치와 자유주의 이데올로기의 수용 정도를 살펴본다. 그의 연구결과를 요약하면, 먼저 신자유주의적 세계화 시기에도 구중간계급의 몰락과 노동자계급화가 계속 진행되고 있다. 특히, 구중간계급은 규모뿐만 아니라 경제적 지위도 다른 계급에 비해 심각하게 악화되고 있어서 '구중간계급은 자본주의 발전에 따라 몰락하는 계급'이라는 명제를 지지해준다. 이와 반대로 신중간계급의 경제적 지위는 지속적

으로 상승하는 경향을 보인다. 노동자계급 중에서는 사무직 화이트 칼라 분파의 경제적 지위가 상승하고 있는 반면, 가장 하층인 단순노무 비숙련 노동자층의 경제적 상태는 크게 악화되고 있다.

1990년대 중반과 신자유주의가 진행된 지금을 비교하고 추세를 살펴보면, 구중간계급의 몰락, 신중간계급의 경제적 지위 상승, 노동자계급 또는 피고용계급 내부에서의 양극화 현상 등이 가장 눈에 띈다. 또한 신자유주의 시대에는 전반적으로 계급 안에서의 경제적 격차도 심해지는데, 특히 주기적인 위기의 시기에 더 극심해진다. 그러나 자산소득 비중이 높아지는 경향은 나타나지 않는다. 이데올로기의 면에서 보면, 부르주아계급은 자신들의 계급이익에 걸맞게 시장자유주의를 가장 적극적으로 찬성하고 있으나, 다른 계급들은 계급적 위치와 상관없이 모호하게 전반적으로 시장자유주의를 지지하는 경향을 보인다. 이는 계급이익을 인식하는 계급의식이 한국에서는 노동자계급보다 오히려 부르주아계급에서 더 발달했다는 일부의 주장을 뒷받침해주는 것일 수도 있다.

제2장 민주노조 운동의 지역적 '연대와 분화'의 모순성: 민주노총 지역본부의 사례를 중심으로에서 김영수는 '산별노조 건설' 전략과 '노동자 정치세력화 전략'이 내포하고 있는 모순적 딜레마, 즉 민주노조 운동의 발전전략이 오히려 기업 수준의 노동조합이나 조합원들을 개별화시키거나 분화시키는 모순적 딜레마로 작용하고 있는 현상에서 민주노조 운동이 처한 위기의 주요 원인을 찾으려 한다. 그는 계급적 연대를 추구하면서도 계급적 연대를 저해하는 민주노총의 모순적 딜레마 현상을 민주노총의 공식 자료인 '사업보고서'와 민주노조 운동 전·현직 간부들의 구술 자료를 바탕으로 민주노총 지역본부를 중심으로 한 지역의 민주노조 운동과 연계시키면서 분석한다.

연구결과를 요약하면, 민주노총은 노동자들의 생활공간인 지역을 중심으로 계급주체를 형성하려 했으나 지역적 계급주체 형성 전략은 산업업종별 노동조합을 건설하는 투쟁과 노동자 정치세력화를 위한 선거투쟁의 모순적 딜레마 현상에 직면하지 않을 수 없었다. 우선 산업업종별 노동조합을 건설하는 투쟁은 한편으로 노동자들의 계급적 정체성에 기반을 둔 산업별 노동조합 건설운동이 양적인 통합만을 추구하는 운동으로 전락했으며, 다른 한편으로 대기업과 정규직 중심의 기업별 노동조합이 양적 헤게모니를 활용하면서 산업별 노동조합의 조직체계를 좌우하는 문제점이 드러났다. 노동자 정치세력화 투쟁 역시 2008년 국회의원 선거를 계기로 전략적 한계를 드러내기 시작해 민주노동당이 분당되면서 실패로 끝나고 말았다. 정치세력화 과정에서 민주노총은 지역의 조합원을 분화시키고 있는 배타적 지지전략, 비주체적 동원전략, 합법주의적 선거전략의 모순성을 극복해 조합원과 노동자 정치세력화 전략 간의 상호 유기적인 조응성을 강화하는 데 실패한 것이다.

따라서 민주노조 운동은 생산 현장과 생활 현장 간의 상호연계성을 확장하는 전략을 재구성해야만 한다. 민주노조 운동의 지역조직 및 조직체계를 재구성하는 과제, 지역 내 다양한 주체들 간의 소통을 실질적으로 활성화하는 과제, 노동 현장과 생활 현장을 동시에 포괄하고 있는 지역이 활동의 중심이 되게 하는 과제, 노동자의 정치활동을 공장의 안과 밖에서 확장해나가는 과제, 정규직 및 비정규직 등으로 분화한 계급 내적인 관계를 계급적 산업업종별 노동조합 운동으로 변화시키는 과제 등이 일상활동의 전략적 목표가 되어야 한다.

제3장 대기업 농업생산 진출 비판에서 장상환은 가족농이 지배적인 한국 농업생산 부문에 기업농 진출의 사례를 분석한다. 그는 동부팜한농의 간척지 유리온실 건설 과정을 사례로 들어 이명박정부가 추진해왔던 대기업의

농업 진출, 즉 농외자본의 농업 진출이 현실성이 없음을 밝히고 있다. 그는 우선 농업자본주의 발전의 동학과 관련한 논쟁을 검토하면서, 농업생산의 특수성으로 말미암아 자본주의적 농업이 발전하기 어려운 이유와 한국에서 가족농이 지배적인 이유를 분석하고 현실적으로도 가족농 또는 기업가적 가족농이 농업생산의 절대적인 부분을 차지하고 있음을 밝힌다. 다음으로 동부팜한농 유리온실 사업이 실패한 과정을 추적해, '규모의 경제' 논리를 맹신한 채 농민들과의 마찰을 고려하지 않고 사업을 추진한 정부 정책과 대기업 동부그룹의 책임을 묻고 있다.

이런 분석에 기초해 한국 농업을 위해 대기업과 정부가 기여할 수 있는 길을 충고한다. 먼저 대기업은 자신이 잘할 수 있는 분야인 제조업과 서비스업에서 벌어들인 이익에 대해 더 많은 세금을 지출해, 농업과 농가를 보호하고 도와줄 수 있을 것이다. 또 대기업은 국내 농가를 위해 회사 급식에서 국산 농산물을 식재료로 사용하거나 자매결연마을을 확대하고, 직원과 도시민의 농어촌 체험 관광을 활성화하는 등 기여할 부분은 많다. 다음으로 정부는 기업농을 통한 경쟁력 강화의 탁상공론에서 벗어나 농민들 간의 협력을 통한 기술혁신과 비용절감을 지원하면서 네덜란드처럼 농협이 농산물 도매유통을 주도하도록 해, 농산물의 유통마진을 줄이고 농민의 소득을 키우는 데 주력해야 할 것이다. 진정으로 농업회생의 의지가 있다면 정부는 자연조건이 특별히 유리한 뉴질랜드를 벤치마킹할 것이 아니라, 다른 선진국들의 두터운 농업보호 정책을 잘 살펴봐야 할 것이다.

제4장 교사의 정치·사회의식 변화: 2005~2014에서 정진상은 전국교직원노동조합 조합원과 일반 교사들을 대상으로 실시한 설문조사를 통해 지난 10년간의 교사의 정치·사회의식 변화를 분석한다. 연구결과를 요약하면, 교사들의 정치적 성향은 2014년 조사에서 2005년 조사보다 진보적 성향이

더 강화되었다. 일반 교사와 조합원 모두 진보적 성향이 증가한 것은 10년 사이에 한국사회가 우경화된 것에 대한 반사 작용이며, 일반 교사보다 전교조 조합원의 진보적 성향이 크게 증가한 것은 그런 환경적 요인과 더불어 10여 년간 조합원의 수가 감소해 조합원의 '소수정예화'가 크게 작용한 것으로 보인다. 연령별로 40대가 진보적 성향이 더 큰 것은 2005년 조사와 비슷하게 나타났다. 이는 40대의 세대 경험이 주로 작용한 것으로 보인다. 학교 급별로는 2005년 조사에서는 고등학교가 가장 진보적인 성향을, 초등학교가 가장 보수적인 성향을 나타냈던 것에 비해, 2014년 조사에서는 초등학교가 가장 진보적인 성향을 나타낸 것에 주목할 만하다.

교사들의 투표 성향과 지지정당에서 나타난 객관적인 정치의식을 보면 교사가 현재 한국의 정치지형에서 진보적인 집단 중 하나임을 알 수 있다. 다만, 교사들이 투표 성향에서는 보수적인 정당보다는 자유주의 정당이나 진보정당에 대한 투표가 압도적이지만, 반 이상의 다수가 지지정당이 없다고 응답하고 있다. 이는 아직 한국의 정당 체제가 사회계급과 집단의 이해관계를 제대로 반영하지 못하고 있다는 점을 간접적으로 보여주고 있다. 쟁점이 되고 있는 여러 사회경제 정책들에 대한 교사의 의식은 상대적으로 진보적인 정치적 성향을 잘 반영하고 있다. 지난 10년 동안 강도 높게 추진되어온 각종 신자유주의 정책들, 그중에서도 규제완화와 민영화 및 비정규직화에 대한 반대 의식이 10년 전보다 더 커진 것은 그동안 신자유주의정책의 본질이 널리 알려지고 그 폐해가 드러났기 때문이라고 해석된다. 남북관계의 사정이 노무현정부 때보다 이명박정부와 박근혜정부에 들어서 더 악화되었음에도 불구하고 국가보안법 폐지에 대한 의식은 10년 전보다 더 강화되어온 것도 눈여겨볼 대목이다. 다른 여러 가지 사회경제 정책들에서도 교사들은 대체로 진보적인 성향을 보이고 있으며 일반 교사보다 전교조

조합원의 의식이 일관되게 더 진보적인 것으로 나타났다.

제5장 국경이라는 디스토피아적 환상에 대한 대안: 국경화된 자본주의에 저항하는 무국경 운동에서 장대업은 이주노동자에 대한 분석을 통해 '국경이 가지고 있는 힘은 어디에서 연유하는가?', '국경에 대한 대안은 무엇인가?'라는 물음들에 답하고자 했다. 그는 먼저 국경을 지구적 자본주의의 사회관계를 재생산하는 핵심적 제도이자 물신주의적 사회형태로 규정하는 노동의 국경이론을 발전시키고, 다음으로 국경에 대한 유사대안들을 비판적으로 논의한다. 그리고 국경화된 자본주의에 대한 대안으로 무국경 대안을 제안하고 그것의 비전과 주체, 경험과 전략을 논의한다.

연구결과를 요약하면, 국경에 대한 대안으로서의 '무국경'은 국경과 자본주의 간의 불가분의 관계를 우리에게 환기시켜준다. 국경은 폭력적인 동시에 물신적이고 자본주의적인 사회관계의 재생산에서 핵심적 역할을 수행한다. 이런 점에서 국경에 대한 도전은 자본주의에 대한 도전 이후에 다루어야 할 문제가 아니라 자본주의의 대한 도전과 동시에 이루어져야 한다. 무국경은 실제로 존재하는 지구적 자본주의의 역사적 형태인 '국경화된 자본주의(bordered capitalism)'에 대한 변혁적인 대안이다. 이 대안은 거주와 이전의 자유에 대한 비전을 가지며 수백만의 이주자 주체들의 투쟁을 통해서 서서히, 그러나 지속적으로 형성되어왔다. '무국경 대안'은 유동노동의 착취라는 자본의 필연적 요구와 과도한 노동 유동성의 통제 사이에서 갈등하는 자본주의의 원천적 딜레마의 산물이며, 동시에 이 딜레마에 대한 세계 노동자계급의 해결책이다.

이 책은 경상대학교 사회과학연구원이 수행하고 있는 장기 연구의 일환으로 기획되었다. 경상대학교 사회과학연구원은 2007년 한국연구재단 중점연구소로 지정되어 '대안세계화 운동과 대안사회경제모델'을 주제로 총 3

단계 9년 과제를 수행했다. 제1단계 과제에서는 3년 동안 '대안세계화 운동'을 대주제로 대안세계화 운동의 이념 및 조직과 전략에 관한 여섯 권의 책을 출간했다. 2010년부터 수행한 제2단계 과제에서는 이런 대안세계화 운동의 사회경제적·계급적 토대를 분석하는 것을 목표로 했으며, 2013년부터 시작한 제3단계 과제에서는 두 단계의 연구에 기초해 대안사회경제모델을 구성하는 것을 목표로 삼고 있다. 이 책은 이런 장기 연구의 제2단계 과제 중 3년차 연구 결과물 중 하나이다.

이 책은 한국연구재단의 지원(NRF-2010-413-B00027)으로 이루어졌다. 학문의 다양성을 존중해 마르크스주의 연구에 오랜 기간 지원하고 있는 한국연구재단에 감사드린다. 그리고 공동연구를 수행하면서 이 책의 편집을 맡아 수고해주신 김영수 교수께 감사드린다. 경상대학교 사회과학연구총서의 출간을 변함없이 맡아준 한울엠플러스(주)와 난삽한 원고의 교정과 편집 실무로 고생하신 성기병 님께 감사드린다. 끝으로, 장기간의 연구에 헌신적으로 참여한 공동연구원들과 출간의 기쁨을 나누고 싶다.

2015년 11월

연구 팀을 대표하여 정진상

제1장
신자유주의 시대 한국의 계급구조

장귀연 ᅵ 경상대학교 사회과학연구원

1. 들어가며

　신자유주의 시대 한국의 계급들은 어떤 변형을 겪고 있는가? 이에 대해 실증적인 분석을 해보려는 것이 이 글의 목적이다.

　현재 신자유주의가 널리 확산됨에 따라 사회경제적 불평등이 심각하게 악화되고 있으며, 이에 따라 소득 격차 문제나 정규직-비정규직의 분할과 관련한 노동시장 분절에 대한 연구들이 많이 진행되고 있다. 그렇지만 계급 개념을 가지고 신자유주의의 이런 현상과 경향 들을 다룬 연구는 의외로 찾아보기 힘들다. 계급이라는 개념은 구조적인 불평등 및 분할과 매우 밀접하게 연관되어 있는 것임에도 불구하고, 이런 연구가 드문 것은 근래 계급 연구의 쇠퇴를 반영하는 것이라고 볼 수 있다.

　물론 계급 개념이 의미가 없다면 이런 연구 또한 필요하지 않을 것이다. 단순히 소득이나 사회경제적 지위에 따라 층화하는 계층 개념과 달리, 계급은 생산관계에서의 위치를 더 중요하게 여긴다. 그것은 생산관계에서의 위치에 따라 사회경제에 대한 '이해(利害)'와 '이해(理解)'가 다를 것이라는 가정에 근거한다.

계급은 우선 생산수단 소유 여부에 의해 나뉜다. 이는 단지 소득 격차 등의 현상적인 불평등 양상뿐만 아니라 생산수단의 사적 소유라는 구조적 차원 자체를 문제로 여기는 것이며, 생산수단을 소유한 계급과 그렇지 못한 계급, 즉 자신의 노동력에 대한 고용에 의존하는 계급은 객관적인 이해관계가 다르다는 것을 의미한다. 또한 생산관계에서의 위치에 따라 달라지는 계급적 경험이 이런 사회경제적 구조와 작동방식에 대해서도 서로 다른 인식을 형성하게 할 것이라고 가정하는 것이기도 하다. 말하자면, 계급 분석을 하는 이유는 생산관계 차원에서 형성되는 서로 다른 구조적 이해관계와 의식의 문제를 탐구하기 위함이다. 만약 이런 계급 개념이 여전히 유효하다고 믿는다면, 현재 제기되고 있는 신자유주의와 불평등의 문제에 대해서도 계급과 관련해 분석할 필요가 있다. 따라서 이 글은 1990년대에 이루어졌던 한국 계급구조에 대한 연구들의 후속편으로서 신자유주의 시대의 계급구조를 다룬다.

한국에서는 자본주의 산업화가 급속도로 이루어짐에 따라 비교적 짧은 기간에 계급구조의 변화가 매우 크게 나타났으며, 이런 변화를 추적한 연구들이 1980년대와 1990년대에 다수 존재했다. 그중에서 특히 조돈문(1994)은 1960년부터 1990년까지 30년간의 계급구조 변화와 앞으로의 전망을 분석한 바 있다. 그의 연구에 따르면, 그 기간에 구중간계급은 급격히 감소하고 노동자계급의 규모는 크게 확대되었다. 그러나 그것은 주로 산업구조 효과, 즉 농업 부문의 비중이 급속하게 줄어들고 제조업 등 다른 산업 부문들이 성장한 것에서 기인한 것이었다. 반면 계급구성 효과, 즉 한 산업 내에서의 계급구성 측면을 보면 무산자계급의 확대보다는 관리직이나 전문직 등 신중간계급의 성장이 더 눈에 띄는 것으로 나타났다. 그는 미래의 계급구조 변화를 전망하면서 농업 부문의 규모가 이미 적어질 대로 적어졌기 때문에 산업구조 효과에 의한 구중간계급의 축소 및 노동자계급의 확대는 한계에 다다라 정체될 것이며, 계급구성 효과에서 전문직의 증가 등 노동력 고급화 경향은 지속될 것이라고 내다봤다. 그러나 비숙련 노동자가 대부분을 차지하는 서비스 부문의 성장 등 산업구조 효과에 의해 반대로 고급화 경향이 억제될 수도 있기 때문에 신중간계급의 성장 또는 축소를 예상하기는 어렵다고 논증했다. 이런 전망이 제기된 시점에서 다시 20년이 지난 지금, 그간의 계급구성 변화를 추적해보는 것은 의미가 있다고 하겠다.

더군다나 그 20년은 한국에서 자본 축적 방식의 변화가 발생한 시기이기도 하다. 일반적으로 1987년 노동자대투쟁 이후 내부 노동시장이 성립하며 노동자의 고용안정과 상대적 고임금에 기반을 둔 '포드주의 축적체제'가 확립되었다고 본다. 그러나 실제로 그런 시기는 매우 짧았다. 1990년대 중반까지 상용직의 증가, 노동자계급의 임금 향상 등 포드주의 축적체제의 계급 양상을 보였으나, 1995년을 전후해 기업들이 유연화 전략을 추구하기 시작했으며 특히 1997년 말 경제위기와 1998년 IMF 체제로 말미암아 신자유주의 정책이 매우 전격적으로 도입되었던 것이다.

보통 '신자유주의 축적체제'에서의 계급적 양상으로, 양극화라고 표현될 만큼 심각한 경제적 불평등의 심화가 거론된다. 신자유주의화 이후 경제적 불평등이 심해지고 있다는 점은 모든 나라, 모든 지표에서 확인되는 사실이다. 이는 다음과 같은 이유에서 비롯한다고 할 수 있다. 우선, 시장 방식의 확대 때문이다. 특히 노동시장에서 각종 규제나 집단교섭이 약해지면서 고용관계에서 개별적인 시장 계약의 성격이 강해지는 경향이 발견되고 있다 (Cappelli, 1999). 이것은 고용형태에서 다양한 방식의 비정규직 확산, 임금

측면에서 개별교섭과 유연임금의 확대 등으로 드러난다. 이런 시장화는 동일한 산업과 직종, 또는 동일한 계급위치에서도 소득격차가 커지는 원인으로 작용한다.

다음으로 신자유주의적 축적은 자산계급에게 유리한 방식으로, 노동계급에게 불리한 방식으로 작동한다(Duménil and Lévy, 2001). 즉, 신자유주의 축적체제는 포드주의 축적체제와는 달리 노동소득을 보장하지 않는 대신 자산투자를 장려해 부족한 노동소득을 자산소득으로 상쇄하도록 한다. 그 결과 자산계급이나 자산투자가 가능한 고소득자는 더 많은 소득 기회를 얻을 수 있는 반면, 자산투자의 여유가 없는 저소득 노동자는 노동의 불안정화로 말미암아 빈곤화의 늪에 빠지는 양극화 현상이 나타나게 되는 것이다. 그러나 이런 전반적인 경향은 계급위치, 즉 계급과 계급 안의 분파에 따라 차별적으로 적용되고 다르게 나타날 것이다. 자본 축적 방식의 변화는 계급구조의 변화를 가져오며, 어떤 계급 또는 어떤 분파는 이런 자본주의의 변화에 의해서 상승할 수도 있고 하강할 수도 있다. 그리고 이에 따라 계급별로 신자유주의에 대한 경험과 의식도 다를 것이다. 이런 경험과 의식은 실천의 조건이 되기 때문에 신자유주의 시대의 계급운동을 모색하기 위해서도 일차적으로 계급구조의 분석이 필요하다.

계급구조, 계급경험, 계급의식의 변화를 추적하는 과정은 다양한 측면에서 다양한 방식으로 이루어져야 할 것이다. 그러나 이 글은 일단 기본적인 스케치를 제공하고자 한다. 우선, '경제활동인구조사 자료'를 통해 신자유주의 시대 한국의 계급구조를 살펴본다. 그다음으로, 신자유주의적 불평등과 양극화 경향이 각각의 계급에 어떤 영향을 미쳤는지를 분석한다. 이를 검증하기 위해 '가계동향조사 자료'를 사용했다. 마지막으로, 성균관대학교 서베이리서치센터의 '한국종합사회조사 자료'를 활용해, 계급위치에 따른 신자유주의 이데올로기의 수용 정도를 살펴본다. 이것으로 모든 계급의식을 이야기하기는 어렵겠지만, 신자유주의에 대한 계급별 인식에 관한 간단한 지표를 제공해줄 수는 있을 것이다.

2. 계급 분류

실제 분석에 앞서, 이론적 측면에서나 자료의 측면에서 여기서 사용하고 있는 계급 분류에 대해 규정해야 할 필요가 있다.

고전적인 마르크스주의 계급 분류에 따르면, 한 사회의 구성원을 생산수단을 소유하고 다른 사람의 노동력을 고용해 생산하는 부르주아(자본가계급), 생산수단을 소유하지 못하고 자신의 노동력을 팔아서 생계를 유지하는 프롤레타리아(노동자계급), 생산수단을 소유하고 있으되 다른 사람의 노동력을 고용하는 것이 아니라 스스로 일해 생산하는 쁘띠부르주아(중간계급) 세 계급으로 나눈다. 그러나 그 후 이런 계급 분류에 심각한 문제점이 제기되었는데, 그 문제제기의 핵심적인 논쟁점은 이른바 신중간계급에 관한 것이었다.

기업의 규모가 커지고 기술이 발전함에 따라, 직접생산에 종사하는 노동자의 규모는 오히려 줄어들고 기업의 경영관리 업무를 맡거나 전문적 기술을 사용하는 피고용인들이 늘어나게 되었다. 이 관리자와 전문가 들은 생산수단을 갖지 않고 기업에 고용되어 있다는 점에서는 분명히 노동자계급이지만, 노동시장에서 유리한 위치를 차지한 한편 고소득을 취하고 있기 때문에 '무산자'라는 뜻의 프롤레타리아라고 부르기가 쉽지 않았던 것이다. 이들은 생산수단을 소유하고 자기노동을 하는 자영계급인 구쁘띠부르주아와는 성격이 매우 다르지만, 부르주아와 프롤레타리아의 중간에 있다는 의미에서 신중간계급이라고 통칭되었다.

마르크스주의 계급연구에 천착해온 에릭 O. 라이트(Eric O. Wright)는 이 신중간계급을 구조적 차원으로 끌어오기 위해, 생산수단을 소유하지 않은 경우에도 일종의 자산으로서 기술재와 조직재를 소유할 수 있다고 보고 생산수단·기술재·조직재 세 가지 자산의 보유 여부에 따라 계급을 더욱 세분화했다(Wright, 1985). 그러나 기술재와 조직재를 다른 사람을 착취하는 수단으로 분류해 생산수단처럼 취급한 것에 대해서는 마르크스주의적 입장에서 봤을 때 논쟁의 여지가 있을 수 있다.

이 글에서도 신중간계급의 존재를 부정하지는 않는다. 여기서는 피고용 지위에 있는 사람들 중에서 경영관리직과 전문기술직에 종사하는 경우를 신중간계급으로 규정한다. 그러나 이렇게 규정한 것은 기술재와 조직재를 생산수단과 같은 자산으로 인정했기 때문이 아니라, 노동과정의 문제를 고려했기 때문이다. 노동자계급이 자본가계급이나 구중간계급과 다른 점은 자신의 노동력을 판매해야 한다는 것인데, 이것은 노동시장에서 고용이 되지 않으면 생계를 유지할 소득을 얻지 못한다는 뜻이기도 하지만, 노동과정에서 자신의 노동력을 자기 의사대로 사용하지 못하고 감독과 지시에 종속되어야 한다는 의미이기도 하다. 즉, 노동자계급의 특징인 '노동력 판매'란 (노동력을 팔아야 한다는 의미에서) 노동시장에서의 종속과 (판매된 노동력의 사용 측면에서) 노동과정에서의 종속을 동시에 의미하며, 이 두 가지가 부르주아계급이나 구중간계급과 다른 점이기도 하다.

그런데 전문기술직과 경영관리직은 노동과정에서 상당한 자율성을 지니고 있으며, 나아가 다른 노동자들의 노동에 대한 결정권까지 갖고 있는 경우도 많다. 즉, 신중간계급은 노동시장에 종속되어 있다는 측면에서는 노동

자계급과 같지만 노동과정의 종속에서 일정하게 벗어나 있다는 점에서 노동자계급과 구별할 수 있다.[1]

신중간계급은 경영관리직과 전문기술직 두 개의 분파로 나눌 수 있다. 전자는 타인의 노동력 사용에 대한 지시권을 갖고 있는 경우이고, 후자는 자신의 노동과정에 대한 자율성을 갖고 있는 경우이다. 노동자계급은 (하급)사무직, 기능생산직, 서비스판매직, 단순노무직으로 나뉜다. 이것은 이른바 화이트칼라, 블루칼라, 핑크칼라, 비숙련단순노동자 네 개의 분파를 가리킨다. 이런 구분 역시 노동과정에 따른 것인데, 이 분파들은 각각 노동과정이 서로 매우 다르므로 노동자로서 노동과정에서 겪는 경험이 다르기 때문이다.

계급 분류 기준에 대한 이론적 문제뿐 아니라 실제적인 자료의 한계 또한 많은 연구자들을 괴롭혀온 문제다. 연구자 개인이 계급구조를 확인할 수 있을 만큼 대규모 조사를 수행하기가 쉽지 않고, 기존에 나와 있는 공식 통계들은 계급 개념을 정확히 반영해 구성되어 있지 않기 때문이다. 여기서도 경제활동인구조사 자료, 가계동향조사 자료 등의 원 자료를 사용해 분석했으나, 이런 자료들의 한계 또한 동시에 지니고 있다.

특히 부르주아계급을 규정하는 것은 이론에서든 자료에서든 어려움이 있다. 이용 가능한 자료에는 직업 등은 비교적 상세하게 나와 있으나 소유관계는 파악하기 어렵다. 또 이론적으로도 소유관계가 복잡해짐에 따라 부르주아계급을 획정하는 것이 쉽지 않게 되었다. 게다가 소고용주를 구중간

---

[1] 이런 구분은 오히려 라이트의 초기 계급 구분과 유사하다. 신중간계급의 문제를 오랫동안 고민한 라이트는 기술재와 조직재 등을 계급을 구분하는 기준으로 삼기 이전에, 생산관계에서 (타인이나 자신의) 노동력에 대한 통제권을 기준 중의 하나로 삼아 경영관리자와 (반)자율적 피고용자를 각각 부르주아와 프롤레타리아, 쁘띠부르주아와 프롤레타리아 사이의 모순적 계급위치로 규정한 바 있다(Wright, 1978).

계급과 부르주아계급 중 어디에 포함시켜야 하는가에 관한 문제도 있다. 소고용주는 자기 사업체라는 생산수단을 갖고 소수의 다른 사람을 고용하지만 스스로도 피고용자와 함께 실제 노동을 하는 경우를 뜻하는데, 라이트(1978, 1985)는 이들을 부르주아와 쁘띠부르주아 사이의 모순적 위치에 있는 존재라고 규정했다.

한국에서의 연구는 대체로 이들을 고용주로 구분해 부르주아계급에 포함시키고 있는데, 이는 이용 가능한 자료에서 앞과 같은 의미의 소고용주를 판별할 수 없다는 이유 때문이기도 하다.[2) 즉, 한국의 공식 통계에서 주로 사용하는 종사상 지위에서는 고용주와 자영자, 피고용자를 구분할 수는 있지만 1인 이상의 피고용인을 두고 있는 경우 모두 고용주로 집계되어 피고용인의 숫자나 해당 피조사자가 실제 노동을 하는가의 여부를 알 수 없기 때문이다. 하지만 예를 들어 스스로 하루에 12시간씩 일하면서 야간 아르바이트 한두 명을 고용하는 편의점주를 부르주아계급에 포함시키는 것은 정당하게 느껴지지 않을 수도 있다. 소고용주를 부르주아계급에 포함시키는 것은 이론적으로 생산수단을 소유함으로써 다른 사람의 노동력을 착취

---

2) 조돈문(1994)은 인구센서스 및 경제활동인구조사의 종사상 지위에서 규정된 고용주 지위에 따라 이런 소고용주를 부르주아계급에 포함시켜 1960년부터 1990년까지 부르주아계급 비율을 약 4%대에서 6% 정도로 보고 있다. 한편 서관모(1987)는 인구센서스 등의 자료를 기본으로 하고 있으나 부르주아계급을 규정할 때는 사업체조사를 사용한다. 그는 피고용인 5인 이상 사업체의 업주 및 임원으로 규모를 추산해, 1955년부터 1980년까지의 부르주아계급 비율을 0.3%에서 1.1%로 극히 적게 추정했다. 현실적으로 서관모의 분류가 일반적으로 생각하는 부르주아계급의 정의에 더 걸맞을 것이다. 하지만 이 경우에도 부르주아계급의 기준이 단지 사업체의 규모로 분별된다는 문제가 있다. 부르주아계급에 속하게 되는 피고용인의 수가 5인 이상이라는 것도 자의적인 것으로, 실제로는 자료상의 분류를 따른 것일 뿐이다. 그보다는 2008년 이전 가계동향조사에서 사용한 기준, 즉 사업체의 경영만 하는 것이 아니라 피고용인과 마찬가지로 상업 등 실제 노동에 종사하는지의 여부를 통해 구별하는 것이 더 적절해 보인다.

해 이윤을 얻는다는 의미의 부르주아계급 정의에 정확히 부합하지 않을뿐더러 실제 결과에서 부르주아계급의 규모를 과대추정하고 소득은 과소계산하게 된다는 비판이 가능하다. 따라서 단순히 사업체를 경영하는 것이 아니라 실제로 소수의 피고용인과 함께 노동을 하는 소고용주는 오히려 자영자와 같은 구중간계급에 포함시키는 것이 더 적절하다고 생각된다.

그럼에도 불구하고 경제활동인구조사와 가계동향조사의 자료(2009년 이후)에서는 이런 소고용주를 분별할 수 없기 때문에, 이 글에서도 이런 자료들을 사용하는 한 종사상·지위상 고용주를 모두 부르주아계급으로 간주했다. 다만, 가계동향조사 자료(2008년 이전)에서는 설사 피고용인을 두고 있다고 하더라도 직접 상업 등에 종사하는 경우는 자영자로 분류하고 있다. 그 대신 개인사업체 경영자와 법인사업체 경영자를 따로 분류하고 있다. 그러므로 이 글에서 2008년까지의 가계동향조사 자료를 사용할 때는 전자의 경우는 구중간계급에 포함시키고 후자인 개인 및 법인 경영자를 부르주아계급으로 간주했다. 따라서 가계동향조사 자료를 사용한 계급별 소득 분석에서 2008년까지의 자료와 2009년 이후의 자료 사이의 연계성이 떨어진다.[3]

그것을 감수하더라도 이런 분류를 사용한 것은 그것이 더 부르주아계급 규정에 부합하며, 특히 계급별 경제적 위치를 추정할 때 실제 소득 수준이

---

3) 실제로 2008년까지의 가계동향조사에서 개인 및 법인 경영자로 추산한 부르주아계급의 비율은 2%대인 반면 종사상·지위상 고용주를 기준으로 한 2010년의 가계동향조사에서는 8.6%대로 증가한다. 가계동향조사는 가구 단위의 조사이기 때문에 가구주의 계급위치를 기준으로 통계를 냈으므로, 개인 단위로 구성한 것보다는 부르주아계급의 비율이 더 높아질 것이다. 따라서 종사상·지위상 고용주를 기본으로 한 2010년의 8%대의 비율은 동년 경제활동인구조사의 비율(5.7%)과 비슷한 구성비를 나타낸 것이라고 볼 수 있다. 반대로 2008년까지의 가계동향조사에서 기록한 2%대의 부르주아계급 비율은 개인 단위의 계급구성으로 보면 더 수치가 떨어져서 서관모(1987)의 추산 방법에 더 가까워질 것이다.

낮은 소고용주를 부르주아계급에 포함시키는 것은 부르주아계급의 경제적 수준을 과소측정하게 되는 문제가 있다고 판단되기 때문이다. 따라서 이하 분석에서 특히 부르주아계급에 대해 살펴볼 때에는 앞서 살펴본 문제들을 고려해야 한다.

3. 계급구조의 변화

먼저 전반적인 계급구조의 변화를 보자. 〈표 1-1〉은 1995년, 2000년, 2005년, 2010년의 경제활동인구조사 원 자료에서 직업과 종사상 지위를 이용해 추산한 개인별 계급위치의 상대적 비중을 나타낸 것이다.[4)]

가장 뚜렷한 경향을 보이는 것은 구중간계급의 비중 축소이다. 구중간계급은 소상인·수공업자 등 자영업자 그리고 농민 두 집단으로 구성되어 있으며, 일반적으로 자본주의 발전에 따라 축소되는 경향을 보인다. 자본 축적과 독점을 통해 자본주의적 대기업이 사회를 지배하게 됨에 따라, 소규모 자영업자들은 노동자계급으로 몰락하는 다수와 자본 축적에 성공해 자본가계급으로 발돋움하는 소수로 양극분해되기 때문이다. 또 자기 토지에서 농사를 짓는 농민들도 자영업자들과 마찬가지로 구중간계급에 해당한다. 농업 부문에서도 대자본에 기반을 둔 농업기업이 생겨나 농업노동자를 고용하는 경향이 있다. 그러나 다른 무엇보다도 산업화가 진행됨에 따라 농업

---

4) 종사상 지위의 계급, 직업은 계급내 분파를 분류하는 기준이 된다(자세한 것은 부록의 부표(42~43쪽)를 참조. 이 글에서 다루는 시기, 즉 신자유주의가 도입되기 시작한 것이 1990년대 중반 즈음인 데다가, 1994년 이전의 '3차 직업 코드'에서는 대분류에서 사무직과 관리직이 분리되어 있지 않았기 때문에, 자료 연계의 정확성을 높이기 위해 1994년 이전 시기까지는 분석을 확대하지 않았다.

<표 1-1> 계급구성의 상대적 비중

(단위: %)

구분		1995	2000	2005	2010
부르주아계급		7.4	6.1	6.6	5.7
구중간계급		29.1	28.7	25.5	22.0
신중간계급	경영관리직	1.1	0.9	1.1	1.5.0
	전문직	11.3	12.0	11.8	14.6
	합계	12.4	12.9	12.9	16.1
노동자계급	사무직	11.9	10.6	13.4	14.3
	서비스판매직	8.3	12.1	13.6	13.9
	기능생산직	20.9	16.3	15.0	13.8
	단순노무직	9.8	13.0	12.6	14.1
	농어업	0.2	0.3	0.3	0.3
	합계	51.1	52.3	55.0	56.1
전체 합계		100	100	100	100

자료: 경제활동인구조사 원 자료.

부문 자체가 축소되고 농민들의 숫자가 크게 줄어들게 된다. 이처럼 농민
층이 감소하기 때문에 구중간계급의 축소가 나타나기도 한다.

　조돈문(1994)의 추산에 따르면 한국은 구중간계급이 차지하는 비율이
1960년부터 1990년까지 30년 동안 73.4%에서 34.4%까지 39%가 줄어들
었는데, 그는 그 대부분이 농업 부문의 대폭적인 축소에서 기인한 것이라고
분석했다. <표 1-1>이 보여주는 것처럼 1995년부터 2010년까지 15년 동안
구중간계급은 29.1%에서 22%까지 줄어서, 산업화시기에 비하면 미미한
편이지만 그래도 꾸준히 감소 추세를 보이고 있다. 반면 노동자계급은 증
가폭은 크지 않지만 조금씩 증가하고 있다.

　그렇다면 이 시기 구중간계급의 축소와 노동자계급의 증가 역시 주로 농

〈표 1-2〉 농림어업, 도소매업, 숙박음식업 부문에서의 구중간계급 및 노동자계급 비율

(단위: %)

산업 부문		구중간계급(자영)		노동자계급(피고용)	
		1995	2010	1995	2010
농림어업	산업 중 비율	89.5	83.1	7.2	14.0
	전체 중 비율	10.6	5.9	0.9	1.0
도소매업	산업 중 비율	45.5	32.1	44.5	58.9
	전체 중 비율	8.5	4.8	8.3	8.8
숙박음식업	산업 중 비율	34.4	22.8	47.5	65.2
	전체 중 비율	2.7	2.0	3.8	5.7

자료: 경제활동인구조사 원 자료.

업 부문의 축소 때문일까? 또는 대자본의 진출로 인해 구중간계급이 몰락하고 그들이 노동자계급으로 하강하고 있다고 볼 수 있을까? 그것을 파악하기 위해 자영 비율이 높은 농림어업, 도소매업, 숙박음식업 부문 등 세 산업에서의 자영 비율과 피고용 비율에 대해서 1995년과 2010년을 비교해봤다. 그것이 〈표 1-2〉이다. 해당 산업에서의 자영 비율과 피고용 비율, 그리고 전체 경제활동인구에서 각각 해당 산업의 자영자와 피고용자가 차지하는 비율을 나타낸 것이다.[5]

농림어업 부문에 종사하는 자영자는 1995년 전체 경제활동인구의 10.6%에서 2010년 5.9%로 줄었다. 15년 동안 전체 계급구성 중 구중간계급의 비율이 7.1% 감소된 것 중에서 상당 부분을 기여하고 있다고 추측할

---

5) 1995년 기준 산업 종사 인구가 전체 경제활동인구의 5% 이상, 그 산업 내에서 자영업이 차지하는 비율이 20% 이상인 항목만을 기준으로 삼았다. 이 기준에 따르면 〈표1-2〉에 제시한 항목 외에도 '운수통신 부문'도 해당이 되지만, 2005년 이후 5차 계정부터 통신 부문이 '출판 영상 방송통신 및 정보통신업' 대분류로 재분류되었기 때문에 연속적인 비교를 위해 제외했다.

수 있다. 이미 농림어업 부문이 크게 축소된 상태라 산업화시기의 급격한
감소 비율과는 비할 바가 못 되지만, 여전히 농림어업 부문의 위축이 구중
간계급의 감소에 중요한 요인이 되고 있는 것이다.

하지만 산업구조 변동만이 구중간계급의 감소 및 노동자계급 증가의 요
인인 것은 아니다. 〈표 1-2〉에서 도소매업과 숙박음식업 부문을 보면 자영
비율이 현격하게 낮아지는 대신 그만큼 피고용 비율이 늘어나고 있음을 볼
수 있다. 즉, 자영을 하는 구중간계급이 전통적으로 지배적이었던 산업 부문
에도 자본이 침투함으로써 구중간계급이 몰락하고 노동자계급화가 진행되
고 있는 것이다. 특히 최근 대기업들이 유통·판매·관광·레저와 같은 부문에
적극적으로 진출하고 있기 때문에 이런 경향은 지속될 것으로 보인다.

이는 산업별 분포뿐 아니라 직업별 분포에서도 드러난다. 〈표 1-3〉은 직
업별로 1995년과 2010년의 종사상 지위를 비교한 것이다. 역시 서비스판매
직은 자영자가 대폭 줄어들고 피고용자가 늘어나고 있다. 서비스유통 부문
의 자본화를 볼 수 있는 대목이다. 반면 기능생산직은 오히려 피고용자가 감
소하고 자영자가 증가하는 추세를 보이는데, 이는 근래 운수업이나 생산직
에서 특수고용 등의 비정규직 사용이 늘어나는 것과 관련이 있을 수 있다.

결론적으로, 자본주의에서 구중간계급의 지속적인 축소 경향은 지금도
확인되고 있다. 산업화시기에는 주로 농업 등 1차 산업 부문의 위축과 공업

〈표 1-3〉 직업별 종사상 지위와 계급위치

(단위: %)

구분		1995	2000	2005	2010
경영 관리직	고용주	57.2	54.1	51.6	30.3
	자영자(구중간)	0.8	1.4	0.9	0.9
	피고용자(신중간)	42.0	44.5	47.4	68.8

전문직	고용주	1.4	7.2	6.3	6.0
	자영자(구중간)	0.8	15.2	15.0	13.6
	피고용자(신중간)	82.1	77.6	78.8	80.4
사무직	고용주	0.6	1.0	1.0	1.5
	자영자(구중간)	5.2	6.8	4.8	4.2
	피고용자(노동자)	94.3	92.2	94.3	94.2
기능 생산직	고용주	7.4	5.6	6.4	6.1
	자영자(구중간)	14.8	19.6	21.6	22.8
	피고용자(노동자)	77.8	74.8	72.0	71.1
서비스 판매직	고용주	13.1	9.5	10.3	9.5
	자영자(구중간)	49.3	41.5	36.7	30.6
	피고용자(노동자)	37.5	49	53.0	59.9
단순 노무직	고용주	0.6	0.5	0.8	0.8
	자영자(구중간)	12.2	10.8	11.0	9.6
	피고용자(노동자)	87.1	88.6	88.1	89.7

자료: 경제활동인구조사 원 자료.

부문의 성장에 따라 농민들이 줄어드는 것이 구중간계급 축소의 주요 원인이었다. 하지만 근래에는 자본이 생산 부문뿐 아니라 서비스 부문 같은 3차 산업 부문까지 지배력을 확대하면서 해당 부문의 자영자들까지 몰락시키고 있다고 볼 수 있다.

4. 신자유주의 양극화의 계급적 양상

가장 기본적인 지표들에서도 드러나고 있는 것처럼, 신자유주의가 경제적 불평등과 격차를 강화한다는 것은 잘 알려진 사실이다. 〈표 1-4〉의 소득분

〈표 1-4〉 소득분배 지표

연도	지니계수	p90/p10
1990	0.256	3.16
1992	0.245	3.03
1994	0.248	3.12
1996	0.257	3.30
1998	0.285	3.82
2000	0.266	3.50
2002	0.279	3.63
2004	0.277	3.78
2006	0.285	3.88
2008	0.294	4.20
2010	0.289	4.04

자료: 가계동향조사 원 자료.

배 지표를 보면, 노동운동의 영향으로 임금 등 노동조건 개선 효과가 나타났으며 포드주의적 축적체제의 성격을 보였던 1990년대 전반기까지는 대체로 분배지표가 개선되는 경향을 보인다. 그런 경향은 1995년을 전후로 해 반전되기 시작했다가, 경제위기로 인해 IMF 체제가 성립되고 신자유주의 정책이 전격적으로 도입된 1998년에 큰 폭으로 악화되었다. 그 이후로도 소득분배는 개선되지 않고 전반적으로 안 좋아지는 양상이 나타나고 있다.

전체적으로 볼 때 이처럼 불평등이 심해지는 경향이 분명하게 나타나지만, 각 계급별로 어떤 양상을 보이는가를 살펴볼 필요가 있다. 이 절의 표들은 한국의 공식적인 소득분배지표를 산출할 때 사용하는 통계청의 가계동향조사 자료로 계산한 것이다.[6]

6) 가계동향조사 자료를 볼 때 주의해야 할 점이 몇 가지 있다. 첫째, 2008년까지의 경제활

〈표 1-5〉는 전체 가구의 평균소득을 100으로 했을 때, 각 계급별 가구 평균소득을 나타낸 것이다. 여기서 계급 분류는 가구주를 기준으로 했으며, 이 가구주의 소득이 가구소득에서 차지하는 비율은 괄호 안에 표시했다. 〈그림 1-1〉과 〈그림 1-2〉는 〈표 1-5〉의 수치를 토대로 전체 가구의 평균소득에 대해 각각 '계급별 평균소득'과 '노동자계급 내 분파별 평균소득'의 추이를 보기 쉽게 그래프로 그린 것이다.

눈에 띄는 특징은 다음과 같다. 첫째, 구중간계급 가구의 소득이 지속적으로 떨어지고 있다. 1994년 전체 평균 가구소득 대비 구중간계급의 가구소득은 99.7%였는데, 그 후 일관되게 수치가 떨어지는 경향을 보여서 2010

동인구조사와 가계동향조사 자료는 종사상 지위에 대한 분류 방법이 다르다. 2008년까지의 가계동향조사에서는 설사 피고용인이 있다고 하더라도 조사 대상자가 상업 등의 노동에 직접 종사하는 경우 자영자로 분류했으나, 2009년부터는 경제활동인구조사의 종사상 지위 분류를 채택함으로써 피고용인이 있는 경우 자영자에서 제외했다. 이에 따라 2008년까지는 종사상 지위에서 '개인 및 법인 사업체 경영자'를 부르주아계급으로, 그 이후는 경제활동인구조사와 마찬가지로 '고용주'를 부르주아계급으로 분류했다(가계동향조사의 종사상 지위 및 직업에 의한 계급 분류에 대해서는 부록의 부표(42~43쪽)를 참고). 따라서 2008년까지의 가계동향조사에서 부르주아계급과 구중간계급 간의 구분은 경제활동인구조사의 구분과 정확히 일치하지 않으며, 그 이후 가계동향조사 자료와도 연계성이 떨어진다. 둘째, 경제활동인구조사는 조사 단위가 개인인 것에 비해 가계동향조사의 조사 단위는 가구이다. 그러므로 여기서는 가구주의 계급위치를 따랐으며 개인 단위의 계급구성 비율과는 다른 점이 있다. 예를 들어 가계동향조사의 가구주 계급위치에 따른 계급분류에서는 전문기술직과 기능생산직 등의 비율이 경제활동인구조사 자료에 비해 높게 나오고 서비스판매직은 낮게 나온다. 서비스판매직의 경우, 가구주가 아닌 여성의 부업으로 많이 선택된다는 점이 반영된 것이다. 셋째, 가계동향조사는 2002년까지는 도시거주 가구만을 대상으로 했고 2005년까지는 1인 가구를 제외해 2인 가구 이상만을 대상으로 추산했다는 점이다. 여기서는 표본의 연속성을 위해 그 이후의 자료들에서 비도시거주 가구와 1인 가구를 제외하고 분석했다. 즉, 이 자료는 '2인 가구 이상 도시거주 가구'가 대상인 것이다. 이 절에서 가계동향조사 자료를 사용한 것은 경제활동인구조사에는 경제활동에 따른 소득에 대한 조사가 포함되어 있지 않기 때문에 어쩔 수 없었던 측면도 있지만, 소득에 관련해서는 개인별보다 가구별로 분류하는 것이 실제적인 경제적 위치 파악에 더 적합할 것이라고 여겼기 때문이다.

<표 1-5> 전체 가구 평균소득에 대한 계급별 평균소득 및
가구소득에 대한 가구주소득 비율

(단위: %)

구분		1994	1996	1998	2000	2002	2004	2006	2008	2010
부르주아계급		148.6 (83.5)	150.5 (85.0)	165.9 (83.3)	147.4 (79.6)	158.4 (79.0)	137.1 (82.3)	149.2 (83.4)	150.1 (81.7)	115.4 (77.7)
구중간계급		99.7 (81.1)	98.2 (78.4)	93.2 (79.2)	93.3 (75.1)	92.9 (74)	92 (72.3)	89 (69.7)	88.4 (68.8)	85.9 (64.8)
신중간계급	경영관리직	124.5 (79.4)	125.5 (76.5)	132.5 (77.8)	127.5 (78.2)	123.4 (75.2)	134.8 (76.3)	131.9 (76.6)	135.5 (76.3)	129.5 (76.3)
	전문직	127.7 (82.9)	141.5 (76.3)	144.6 (76)	179.7 (77.1)	148.3 (75.3)	174.2 (73.8)	161.1 (78.4)	164.1 (79.2)	158.2 (77.5)
	합계	124.8 (79.7)	127.0 (76.5)	133.6 (77.7)	130.3 (78.1)	124.2 (75.2)	138.1 (76.1)	135.7 (76.8)	138.6 (76.6)	133.7 (76.5)
노동자계급	사무직	100 (74.6)	102.1 (75)	106.2 (76.8)	110.1 (74.5)	96.5 (68.9)	114.5 (76)	120 (74)	112.7 (76.6)	115.6 (73.6)
	기능생산직	87.9 (74.8)	87.7 (73)	84.7 (74.4)	91.7 (71.8)	89.6 (71.6)	89.7 (71.5)	90.4 (70.7)	91.1 (70.2)	91.5 (69.9)
	서비스판매직	84.5 (68.6)	76.5 (68.6)	84.8 (72)	81.8 (69.7)	73.4 (70.6)	83.1 (69.1)	89.4 (68.1)	88.2 (65.8)	84.5 (66.3)
	단순노무직	83 (58)	81.2 (58.6)	77.9 (59.1)	72.3 (59.6)	71.6 (58.3)	70 (56.2)	70.9 (52.4)	67.4 (54.9)	61.7 (51.8)
	합계	89.6 (71.8)	88.8 (70.8)	88.4 (72.3)	90.4 (69.8)	85.9 (71.6)	90.1 (69.4)	94.2 (67.9)	91.7 (68.2)	90.7 (66.6)
전체		100 (76.1)	100 (74.5)	100 (75.7)	100 (73.3)	100 (72.4)	100 (71.8)	100 (70.1)	100 (70.2)	100 (69.7)

주: 2009년부터 가계동향조사의 종사상 지위 분류가 개편되어, 부르주아계급과 구중간계급 간
　　구분의 연계성이 이전과 떨어짐[부록의 부표(42~43쪽) 참조].
자료: 경제활동인구조사 원 자료.

년 85.9%까지 감소했다. 이것은 가구주의 소득이 전체 가구소득에서 차지
하는 비율 역시 81.1%에서 64.8%까지 일관되게 그리고 큰 폭으로 떨어지
는 가운데 기록한 것이어서 더 심각하다. 가구주와 함께 가구원들도 다른
일을 하며 소득을 올리는 경우가 훨씬 많아졌음에도 불구하고 가구소득은

〈그림 1-1〉 전체 가구 평균소득에 대한 계급별 평균소득 비율 추이

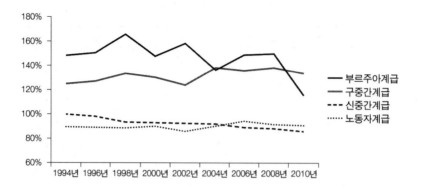

〈그림 1-2〉 전체 가구 평균소득에 대한 노동자계급 내 분파별 평균소득 비율 추이

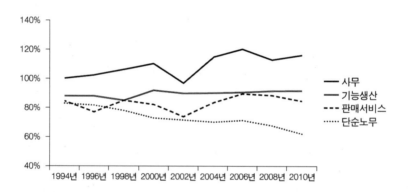

계속 떨어지고 있기 때문이다. 결국, 구중간계급은 전체 계급위치에서 양적으로 차지하는 비율이 줄어들고 있을 뿐만 아니라 경제적 상황도 나빠지고 있는 몰락하는 계급이라고 볼 수 있다.

둘째, 구중간계급과 반대로 신중간계급의 가구소득은 대체로 상승하는 추세를 보인다. 1994년 전체 평균 가구소득 대비 124.8%에서 2008년에는 138.6%, 2010년에는 조금 떨어져서 133.7%를 기록했다. 셋째, 노동자계급

중에서는 사무직의 상승이 눈에 띈다. 한두 번의 예외를 제외하고는 지속적으로 비율이 오르고 있다. 1994년에 사무직의 전체 가구소득 대비 평균 가구소득 비율은 다른 노동자계급 분파들, 즉 기능생산직·서비스판매직·단순노무직에 비해 각각 12.1%·15.5%·17%가 높은 수준이었다. 하지만 2010년을 보면 사무직과 다른 노동자계급 분파들 사이의 격차는 더 벌어져서, 각각 24.1%·31.1%·53.9%의 차이를 보이고 있다. 하급사무직에 해당하는 이 노동자층은 소득 수준에서나 노동과정에서 신중간계급에 포함시킬 수 있다고 단정하기는 아직 어렵다. 하지만 다른 노동자계급 분파들과의 격차가 점점 커지고 있는 것이 사실이다.

넷째, 노동자계급 중에서 가장 하층이라고 할 수 있는 단순노무직 종사자들의 가구소득은 전체 평균 가구소득에 비해 거의 일관되게 그리고 큰 폭으로 떨어지고 있다. 1994년 83%에서 2010년에는 61.7%까지 떨어졌다. 1994년 당시에는 다른 노동자계급 분파들과의 차이가 비교적 크지 않았으나, 2010년에는 아주 현격한 차이를 보인다. 즉, 신자유주의시기의 빈곤화는 노동자계급 중에서도 가장 하층에 집중되고 있음을 알 수 있다. 결과적으로는 노동자계급 분파 중 경제적으로 가장 상층인 사무직은 상승하고, 가장 하층인 단순노무직은 경제적 상황 악화로 인해 하강하며 노동자계급 내에서의 양극화가 점점 더 심해지는 것이다.

다섯째, 가구소득에서 가구주소득이 차지하는 비율은 대체로 조금씩 떨어지는 추세인데, 이는 맞벌이 부부가 늘어나는 것과 관련이 있을 것이다. 가구주소득 비율에서 주목할 것은 경제적으로 하층 계급(분파)일수록 그 비율이 낮다는 점이다. 즉 당연하다면 당연한 일이지만, 경제적으로 어려울수록 가구주뿐 아니라 다른 가구 구성원들도 돈을 벌 수 있는 경제활동에 뛰어들어 가계소득을 벌충한다는 것이다. 이는 가구소득의 격차보다 개인소득의

<표 1-6> 계급별 소득의 변동계수

구분		1994	1996	1998	2000	2002	2004	2006	2008	2010
부르주아계급		47.4	41.3	50.4	47.8	52.6	48.5	51.7	54.8	50.6
구중간계급		49.8	51.3	54.1	49.9	51.6	49.2	52.8	56.9	51.5
신중간계급	경영관리직	44.3	44.3	56.4	50.8	48.1	48.3	49.5	49.3	47.2
	전문기술직	38.1	37.6	37.3	56.4	46.8	56.5	59.4	50.5	43.0
	평균	43.8	43.7	54.8	52.5	48.2	50.3	52.1	50.0	47.1
노동자계급	사무직	40.5	39.9	61.8	46.0	74.5	42.2	41.6	43.8	42.3
	기능생산직	42.6	43.1	53.6	57.3	46.7	48.3	48.8	48.4	46.1
	판매서비스직	49.1	46.9	57.4	51.8	45.6	53.7	55.2	52.8	50.0
	단순노무직	52.5	56.5	69.8	53.3	51.9	51.8	53.5	55.9	51.6
	평균	44.5	45.5	60.1	55.5	54.3	50.6	51.3	51.5	51.0
전체		48.7	49.9	60.7	56.0	55.4	54.0	55.5	56.9	53.6

주: 2009년부터 가계동향조사의 종사상 지위 분류가 개편되어, 부르주아계급과 구중간계급 간 구분의 연계성이 이전과 떨어짐[부록의 부표(42~43쪽) 참조].
자료: 경제활동인구조사 원 자료.

격차가 훨씬 더 클 것이라는 점을 암시한다. 마지막으로, 부르주아계급의 소득 변동에 대해 설명할 필요가 있다. 가계동향조사 자료에서는 2008년까지 종사상 지위 구분으로 경제활동인구조사와 다른 분류를 사용했다(각주 6번 및 42~43쪽의 부표 참조). 부르주아계급의 소득이 2008년에 비해 2010년에 급격히 하락한 것은 실제 소득의 변화보다는 이런 분류상의 변동 때문이다.

이어서 계급 내 소득 격차의 정도를 알아보기 위해, 각 계급 안에서 소득의 산포도를 나타내는 변동계수(표준편차/평균)를 〈표 1-6〉에 제시했다. 〈그림 1-3〉은 그것을 그래프로 그린 것이다. 변동계수는 경제위기 때 높아

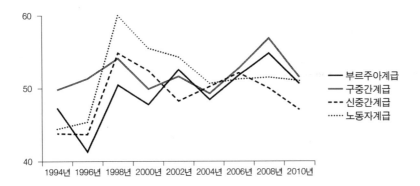

〈그림 1-3〉 계급별 소득의 변동계수 추이

凡例:
— 부르주아계급
— 구중간계급
--- 신중간계급
······ 노동자계급

지는 모습을 보인다. 이른바 IMF 경제위기였던 1998년에는 모든 계급에서 변동계수가 급격히 치솟았고, 2002년과 2008년 경제위기 때는 사업체를 운영하는 부르주아계급과 구중간계급의 변동계수가 높아졌다. 전체적으로 보아, 계급별 변동계수 역시 1994년에 비해 2000년대가 대체로 높다. 1998년 변동계수가 크게 치솟은 이후, IMF 경제위기의 충격이 좀 가신 후에는 수치가 떨어지긴 했지만 그 이전보다는 높은 수준을 계속 유지하고 있다. 즉 신자유주의시기에는 계급끼리의 격차뿐 아니라 계급 안에서의 격차도 심해진 것이다.

끝으로, 신자유주의의 자산효과, '임금은 불안정해지지만 자산투자로 소득을 상쇄할 수 있다'는 신자유주의의 자산효과 가설을 검증해보고자 한다. 〈표 1-7〉은 가구총소득 대비 '임금소득' 비중과 '자산소득' 비중을 계급별로 비교한 것이다. 〈표 1-7〉을 보면 신자유주의가 확산된 시기, 어떤 계급에서도 자산소득이 더 늘었다고 볼 수는 없다.[7) 굳이 말하자면 가구소득에서

7) 이는 계급별로 구분하지 않고 소득 분위별로 구분해 살펴보아도 마찬가지이다. 즉, 소득이 가장 높은 소득 1분위에서도 자산소득이 특별히 증가하는 것은 보이지 않는다. 소득

<표 1-7> 가구총소득 대비 임금소득 및 자산소득 비율

(단위: %)

계급		구분	1994	1996	1998	2000	2002	2004	2006	2008	2010
부르주아계급		임금	26.1	26.7	37.7	35.2	43.4	49.7	49.8	59.1	16.4
		자산	11.7	5.8	4.1	4.6	12.0	4.0	4.0	7.1	6.1
구중간계급		임금	11.5	12.7	13.7	15.8	15.8	18.3	17.3	18.0	20.0
		자산	9.7	6.5	7.2	6.0	6.4	9.1	10.2	8.4	8.2
신중간계급	경영관리직	임금	89.4	86.1	80.8	88.0	85.0	86.1	88.1	87.4	89.1
		자산	5.7	7.5	10.0	3.9	13.9	12.6	5.0	7.4	4.7
	전문직	임금	88.6	86.7	88.5	87.3	86.9	88.4	88.8	88.1	87.9
		자산	11.0	10.1	10.6	9.2	10.0	10.0	11.4	5.0	10.1
	평균	임금	88.6	86.7	87.9	87.4	86.8	88.2	88.7	88	88.1
		자산	10.6	9.9	10.5	8.9	10.2	10.3	10.6	5.3	9.3
노동자계급	사무직	임금	85.4	86.4	87.1	86.2	84.0	88.0	86.8	88.5	87.9
		자산	10.9	8.7	7.6	9.2	6.7	10.2	17.3	10.2	4.3
	기능생산직	임금	87.2	87.5	87.7	85.8	86.5	88.9	88.3	86.9	81.4
		자산	8.7	6.2	8.5	10.3	7.0	6.8	8.5	8.4	6.2
	서비스판매직	임금	80.7	80.8	83.7	82.4	81.8	83.4	83.5	82.3	81.4
		자산	8.0	10.2	9.6	10.4	3.0	9.0	10.4	12.5	6.2
	단순노무직	임금	81.5	82.5	78.7	78.6	80.8	79.4	76.1	76.2	76.0
		자산	9.4	8.9	11.3	9.2	7.9	9.8	8.7	8.3	4.7
	평균	임금	85.3	85.8	85.8	84.1	84.7	86.2	85.8	84.6	84.5
		자산	9.2	7.6	8.8	10.0	7.9	8.8	11.0	9.5	4.9
전체 평균		임금	63.0	62.2	61.9	61.1	61.2	64.6	64.6	65.7	67.3
		자산	9.7	7.6	8.5	8.3	8.1	8.5	8.5	8.7	6.6

주: 2009년부터 가계동향조사의 종사상 지위 분류가 개편되어, 부르주아계급과 구중간계급 간 구분의 연계성이 이전과 떨어짐[부록의 부표(42~43쪽) 참조].
자료: 경제활동인구조사 원 자료.

분위별로 구분했을 때 오히려 가구총소득에서 임금소득 비중이 전체적으로 약간 높아지는 것이 나타날 뿐이다.

가구주 및 가구원들이 고용되어 받는 임금소득 비중이 전체적으로 약간 증가했다고 할 수 있다. 이는 다른 것보다도 구중간계급 가구에서 임금소득이 증가한 것이기 때문이라고 여길 수도 있는 부분인데, 구중간계급의 경제적 지위 하락과 더불어 가구주가 아닌 가구원의 취업을 통한 임금소득이 가구소득에서 점점 더 비중이 높아지게 된 것이라고 볼 수 있다.

결국 계급별 혹은 소득계층별로 보유한 자산의 격차는 크겠지만, 그것이 실제로 가처분소득으로 전환되어 실제 가구수입에 기여하는 정도는 비교적 미미한 것이다. 결과적으로, 신자유주의의 선전 또는 예상과는 달리 자산투자에 의한 소득이 늘어나지 않고 오히려 임금의존도가 커지고 있다고 볼 수 있다.[8]

---

8) 가계동향조사에서 가구소득 부분은 다음과 같은 항목들로 구성된다. 근로소득, 사업소득, 재산소득, 이전소득, 비경상소득, 자산변동으로 인한 수입, 부채증가로 인한 수입. 여기에서는 자산소득을 피고용에 의한 노동 혹은 자기 사업체에서의 노동에 의한 소득을 제외한 '소유하고 있는 자산에서 나오는 소득'으로 규정했다. 사업소득 중 임대소득, 재산소득(이자소득, 배당소득 등)과 자산변동 수입(증권 매각으로 인한 소득, 저축 및 보험으로 인한 소득, 부동산 매각으로 인한 소득 등)을 더했다. 임금소득은 가구주뿐 아니라 그 가구의 가구원 모두의 근로소득을 합한 것이다. 즉, 사업소득의 대부분과 이전소득, 비경상소득, 부채증가로 인한 수입 등을 따로 표시하지 않았기 때문에 〈표 1-7〉에서 임금소득과 자산소득의 합이 100%가 아니다. 특히, 부르주아계급과 구중간계급은 자기 사업체를 운영하기 때문에 이 표에서 명기하지 않은 사업소득이 큰 몫을 차지한다. 부르주아계급이 구중간계급에 비해 2008년까지 임금소득이 높다가 2010년에 낮아진 것은 종사상 지위 분류 방식의 변화 때문이대(각주 6번과 부록의 부표(42~43쪽) 참조). 즉, 2008년까지는 부르주아계급을 개인 및 법인 사업체 경영자로 규정했으며, 이들의 사업소득 외 자기 경영에 대한 임금을 포함함으로써 임금소득이 올라간 것으로 보일 수 있다. 반면, 구중간계급인 자영자에 대해서는 당사자의 임금소득을 포함하는 경우가 거의 없다. 그러나 2009년부터는 피고용인이 있는 경우를 모두 자영자에서 제외해 추산했기 때문에, 이들이 부르주아계급으로 분류됨으로써 구중간계급의 임금소득 비중이 낮아진 것으로 추정된다.

5. 계급과 자유주의 이데올로기

신자유주의시기의 자본 축적은 물론 그것을 위한 이데올로기 선전을 동반한다. 지금 당장 주위를 둘러보면, 언론 등 대부분의 매체에서 시장자유가 지고선(至高善)인양 떠들어대면서 신자유주의 이데올로기를 주입시키고 있는 것을 쉽게 볼 수 있다. 그러나 이런 신자유주의 이데올로기를 수용하는 정도는 계급적 위치와 경험에 따라 달라질 수 있을 것이다. 이것을 알아보기 위해서 성균관대학교 서베이리서치센터의 2011년 한국종합사회조사 자료를 사용했는데, 그 이유는 이 조사에 '시장자유주의'와 '개인적 자유주의'를 측정하는 설문이 포함되어 있었기 때문이다.[9]

개인적 자유주의는 이 글에서 분석하는 내용과 직접적으로 관련이 있는 것은 아니다. 하지만 시장자유주의의 이데올로기는 개인의 자유라는 명목과 연결되어 선전되고 있다. 따라서 각 계급이 시장자유주의를 개인적 자유주의와 연결해 수용하고 있는지를 확인하기 위해서는 개인적 자유주의의 수용도를 측정해야 한다. 시장자유주의의 수용도는 각각 10점 척도로 표시하게 되어 있는 다음의 세 항목을 사용해 측정했다.

· 소득이 더 공평해져야 한다. / 노력하는 만큼 소득에 차이가 나야 한다.
· 사기업이 확대되어야 한다. / 국영기업이 확대되어야 한다.
· 정부가 복지에 더 책임을 져야 한다. / 자신이 각자의 생계에 대해 책임을 져야 한다.

---

9) 이 조사는 '다단계 지역 확률 표본추출 방법'을 사용했으며, 총 1535개의 표본 중 이 글에서 사용하고 있는 항목에 대한 결측이 있는 표본을 제외한 1334개의 표본을 분석했다. 원 자료는 한국사회과학자료원에서 제공받았다.

이 세 항목의 점수를 모두 더해 다시 3으로 나눈 10점 척도의 점수를 사용했다. 개인적 자유주의의 수용도 측정은 다음의 두 항목을 사용했다.

· 생계의 어려움은 개인적인 노력이나 능력의 문제이다. / 정치 사회적 제도로 인한 문제이다.

· 공동의 이익을 위하여 개인의 자유와 행복은 제한될 수 있다. / 공동의 이익을 위해서 개인의 자유와 행복은 희생되어서는 안 된다.

역시 이 두 항목의 점수를 더해 2로 나눠 10점 척도의 점수를 만들었다. 개인적 요인인 성별·나이·학력, 계급적 요인인 가구총소득과 개인의 계급 위치를 독립변수로 적용해 회귀분석을 한 결과를 〈표 1-8〉과 〈표 1-9〉에 제시했다.

먼저 시장자유주의에 대해서는 5% 유의수준에서 '성별'과 '가구총소득'이 유의한 요인이었으며, 계급구분에 대해서는 신중간계급을 기준으로 했을 때 부르주아계급만이 의미가 있었다. 유의수준을 10%로 늘리면 '나이'도 의미 있는 것으로 나타났다. 즉, 남성이 시장자유주의에 더 적극적으로 찬동할 가능성이 높은 것으로, 가구총소득이 높을수록 시장자유주의를 지지하는 것으로 나온 것이다. 계급위치에서는 신중간계급과 비교할 때 부르주아계급이 시장자유주의에 찬성할 가능성이 높았던 반면, 구중간계급이나 노동자계급은 신중간계급과 별 차이가 없었다.

그에 비해 개인적 자유주의는 5% 유의수준에서 '나이'가 수용도에 영향을 미쳤고, 중간 정도 학력인 전문대를 기준으로 했을 때 중학교 이하 저학력자가 의미 있는 것으로 나왔다. 유의수준을 10%로 확대하면 고등학교 학력이 전문대 학력보다 개인적 자유주의에 반대하는 경향이 더 크다고 말할

<표 1-8> 시장자유주의 수용에 대한 회귀분석

구분		비표준화 계수		표준화계수	t	유의확률
		B	표준오차	베타		
상수		16.109	0.724	-	22.238	0.000
성별		-0.949	0.251	-0.110	-3.783	0.000
나이		0.021	0.011	0.072	1.927	0.054
학력 (더미)	중학교 이하	0.126	0.523	0.012	0.241	0.810
	고졸 이하	0.320	0.410	0.034	0.781	0.435
	대졸 이하	0.611	0.403	0.065	1.517	0.129
	대학원졸 이하	0.598	0.595	0.035	1.004	0.315
가구총소득		0.001	0.000	0.107	3.379	0.001
계급 (더미)	부르주아계급	0.971	0.477	0.064	2.033	0.042
	구중간계급	0.375	0.371	0.036	1.011	0.312
	노동자계급	0.064	0.322	0.007	0.199	0.842

주: R 스퀘어는 0.014임.
자료: 한국종합사회조사 원 자료(2011).

<표 1-9> 개인적 자유주의 수용에 대한 회귀분석

구분		비표준화 계수		표준화계수	t	유의확률
		B	표준오차	베타		
상수		6.225	0.268	-	23.236	0.000
성별		-0.025	0.093	-0.008	-0.267	0.789
나이		-0.008	0.004	-0.080	-2.130	0.033
학력 (더미)	중학교 이하	-0.651	0.194	0.163	3.361	0.001
	고졸 이하	-0.288	0.152	0.084	1.902	0.057
	대졸 이하	0.039	0.149	0.011	0.261	0.794
	대학원졸 이하	0.010	0.220	0.002	0.048	0.962
가구총소득		-7.603E-6	0.000	-0.002	-0.055	0.956

계급 (더미)	부르주아계급	0.169	0.177	0.030	0.956	0.339
	구중간계급	-0.009	0.137	-0.002	-0.063	0.950
	노동자계급	-0.099	0.119	-0.030	-0.829	0.408

주: R 스퀘어는 0.014임.
자료: 한국종합사회조사 원 자료(2011).

수 있다. 나이가 적을수록 개인적 자유주의를 더 지지하는 것으로, '전문대' 학력을 기준으로 했을 때 저학력인 중졸 이하 혹은 고졸 학력이 개인적 자유주의를 덜 지지하는 것으로 볼 수 있다.

시장자유주의에 대한 지지도에서는 성별과 더불어 가구총소득 및 부르주아계급과 같은 계급적 요인이 영향을 미쳤다. 개인적 자유주의에 대해서는 나이와 학력이 유의미했으며 계급적 요인인 가구총소득과 계급위치는 전혀 영향을 미치지 않았다. 시장자유주의와 개인적 자유주의 사이의 상관분석을 해보면 상관계수는 0.123이고 1% 수준에서 유의미한 것으로 나타나지만, 각자에 대한 지지에 영향을 미치는 사회계급적 요인들은 서로 매우 다른 것으로 드러났다.

이 글의 중심적인 관심사인 계급에 따른 시장자유주의의 수용 정도를 보자. 계급별 시장자유주의 수용도 평균점수와 집단 간 평균 차에 대한 분석이 〈표 1-10〉과 〈표 1-11〉에 나와 있다.

〈표 1-10〉에서 보다시피 신자유주의를 지지하는 점수는 10점 척도에서 전체 평균 5.5472로 비교적 높은 편이다. 특히 부르주아계급은 5.9739로 거의 6점에 다다른다. 그 뒤를 이어 자영을 하는 구중간계급, 고용되어 있으나 소득수준이 높은 신중간계급, 마지막으로 노동자계급의 순으로 평균 점수가 낮아진다. 그러나 〈표 1-11〉에 나타난 바와 같이 분산분석 사후검정을 통해 집단 사이의 평균 차이를 분별해봤을 때, 5% 유의수준에서 부르

<표 1-10> 계급별 시장자유주의 수용 평균

계급	평균	사례 수	표준편차
부르주아계급	5.9739	115	1.64320
구중간계급	5.6047	301	1.42382
신중간계급	5.5511	395	1.33835
노동자계급	5.4175	523	1.48604
전체 평균	5.5472	1,334	1.45066

자료: 한국종합사회조사 원 자료(2011).

<표 1-11> 계급별 시장자유주의 수용에 대한 분산분석 사후검정

계급위치(I)	계급위치(J)	평균 차(I-J)	표준오차	유의확률
부르주아계급	구중간계급	0.36926	0.15834	0.020
	신중간계급	0.42286	0.15304	0.006
	노동자계급	0.55645	0.14876	0.000
구중간계급	부르주아계급	-0.36926	0.15834	0.020
	신중간계급	0.05360	0.11051	0.628
	노동자계급	0.18719	0.10449	0.073
신중간계급	부르주아계급	-0.42286	0.15304	0.006
	구중간계급	-0.05360	0.11051	0.628
	노동자계급	0.13359	0.09628	0.166
노동자계급	부르주아계급	-5.55645	0.14876	0.000
	구중간계급	-0.18719	0.10449	0.073
	신중간계급	-0.13359	0.09628	0.166

자료: 한국종합사회조사 원 자료(2011).

주아계급의 평균점수는 다른 세 계급보다 확실히 높다고 말할 수 있다. 하지만 구중간계급과 신중간계급, 노동자계급 사이의 평균점수 차이는 통계적으로 유의미하다고 볼 수 없다. 노동자계급 내 분파 사이의 차이도 거의

〈표 1-12〉 노동자계급내 분파별 시장자유주의 수용 평균

구분	평균	사례 수	표준편차
사무직	5.4700	139	1.41865
기능생산직	5.3008	133	1.61530
서비스판매직	5.5759	158	1.38317
단순노무직	5.3109	89	1.52322
농어업	3.5833	4	1.34371
전체	5.4175	523	1.48604

자료: 한국종합사회조사 원 자료(2011).

없었다. 〈표 1-12〉에서 보면 서비스판매직, 사무직, 단순노무직, 기능생산직의 평균점수가 약간씩 차이를 보이고 있으나, 분산분석 사후검정 결과 이평균점수들의 통계적 차이는 존재하지 않았다.

이런 단순한 지표가 계급의식을 대표하는 것은 아니다. 그러나 적어도이 지표만 봤을 때, 부르주아계급은 시장자유주의를 적극 지지하면서 자신의 계급적 이익을 확실히 인식하고 있는 반면, 다른 계급들은 계급 위치와상관없이 막연히 시장자유주의 이데올로기를 받아들이고 있는 것으로 볼수 있다.

6. 나가며

지금까지의 주요 결과를 요약하면 다음과 같다. 우선, 신자유주의시기에도 구중간계급의 몰락과 노동자계급화는 계속 진행되고 있다. 여기에는 산업화시기와 마찬가지로 농림어업과 같은 1차 산업 부문의 축소라는 산업구

조 변동이 상당 부분 영향을 미쳤다. 그러나 그뿐만 아니라 제조업과 같은 2차 산업 부문에서 이제 서비스업 등과 같은 3차 산업 부문으로 자본이 진출함으로써 전통적으로 자영이 많았던 부문에서도 구중간계급이 몰락하고 노동자계급으로 탈락한 것도 중요한 이유 중의 하나이다.

특히, 구중간계급은 상대적으로 규모뿐만 아니라 경제적 지위마저도 심각하게 악화되고 있는데, 이는 '구중간계급은 자본주의 발전에 따라 몰락하는 계급'이라는 명제를 지지해준다. 이와 반대로 신중간계급의 경제적 지위는 지속적으로 상승하는 경향을 보인다. 노동자계급 중에서는 사무직 화이트칼라 분파의 경제적 지위가 상승하고 있는 반면, 가장 하층인 단순노무 비숙련 노동자층의 경제적 상태는 크게 악화되고 있다. 1990년대 중반과 신자유주의가 진행된 지금을 비교해보면, 구중간계급의 몰락, 신중간계급의 경제적 지위 상승, 노동자계급 또는 피고용 계급 내부에서의 양극화 현상 등이 가장 눈에 띤다. 또한 신자유주의 시대에는 전반적으로 계급 안에서의 경제적 격차가 심해지는데 특히 주기적인 위기의 시기에 더 극심해진다. 그러나 자산소득 비중이 높아지는 경향은 나타나지 않는다.

이데올로기의 면에서 보면, 부르주아계급은 자신들의 계급이익에 걸맞게 시장자유주의를 가장 적극적으로 찬성하고 있으나, 다른 계급들은 계급적 위치와 상관없이 모호하게 시장자유주의를 지지하는 경향을 보인다. 이는 계급이익을 인식하는 계급의식이 한국에서는 노동자계급보다 오히려 부르주아계급에서 더 발달했다는 일부의 주장을 뒷받침해주는 것일 수도 있다.

이 연구는 계급 분류에 대한 이론적 난점과 자료상의 제한으로 말미암은 한계가 있다. 신중간계급을 노동자계급과 구별하는 기준에 대해 논쟁이 있을 수 있으며, 소고용주를 부르주아계급과 구중간계급 중 어디에 놓을 것인가라는 문제에 대해서는 이론적 난점과 더불어 자료상의 한계에 따른 자료

연계의 비일관성도 존재한다. 그러나 가장 중요한 한계라면, 실제 사람들이 느끼는 계급적 경험을 설명할 때 불충분한 암시밖에 제공하지 못한다는 점이다. 계급연구의 목적이 구조적 차원에서의 자본축적 방식과 주체적 차원에서의 사람들의 의식 및 실천 사이를 매개하는 것이라면, 신자유주의적 환경에서 계급적 경험이 어떻게 형성되는지에 대한 좀 더 심층적인 연구가 필요할 것이다. 그것은 다음 과제로 남겨놓고 이 글은 그런 연구를 위한 기초적인 발판을 만드는 데 쓰였으면 좋겠다.

부록

〈부표 1-13〉 경제활동인구조사 자료

계급 및 분파	종사상 지위	직업 분류		
		제4차 (1994~1999년)	제5차 (2000~2008년)	제6차 (2009년~)
부르주아계급	고용주(1인 이상)			
구중간계급	자영자, 무급가족 종사자			
신중간계급	상용 근로자, 임시 근로자, 일용 근로자			
	(경영관리직)	고위 임직원 및 관리자	고위 임직원 및 관리자	관리자
	(전문직)	기술자, 전문가 및 준전문가	기술자, 전문가 및 준전문가	전문가 및 관련 종사자
노동자계급	상용 근로자, 임시 근로자, 일용 근로자			
	(사무직)	사무직	사무직	사무직
	(서비스판매직)	서비스 및 상점·시장 판매직	서비스 및 판매직	서비스 및 판매직
	(기능생산직)	기능원 및 관련 기능 소지자	기능원 및 관련 기능 소지자	기능원 및 관련 기능 소지자
	(단순노무직)	단순노무직	단순노무직	단순노무직
	(농어업)	농림어업 숙련직	농림어업 숙련직	농림어업 숙련직

<부표 1-14> 가계동향조사 자료

계급 및 분파	종사상 지위		직업 분류
	~2008년	2009년~	
부르주아계급	개인 및 법인 사업체 경영자	고용주	
구중간계급	자영업자 (피용자 있는 경우 포함), 자유업자 (피용자 있는 경우 포함)	자영자, 무급가족 종사자	
신중간계급	공무원, 사무종사자, 기능상용 근로자, 생산직 임시 일용 근로자	상용 근로자, 임시 근로자, 일용 근로자	
(경영관리직)			관리자
(전문직)			전문가 및 관련 종사자
노동자계급	공무원, 사무종사자, 기능상용 근로자, 생산직 임시 일용 근로자	상용 근로자, 임시 근로자, 일용 근로자	
(사무직)			사무직
(서비스판매직)			서비스 및 판매직
(기능생산직)			기능원 및 관련 기능 소지자
(단순노무직)			단순노무직
(농어업)			농림어업 숙련직

주: 직업분류 개편 과정은 경제활동인구조사의 경우와 같음.

참고문헌

서관모. 1987. 「한국사회 계급구성의 연구」, 서울대학교 사회학과 박사학위논문.
조돈문. 1994. 「한국사회 계급구조의 변화 1960~1990」. ≪한국사회학≫, 제28집.
    17~50쪽.

경제활동인구조사 원 자료(해당 연도).
가계동향조사 원 자료(해당 연도).
종합사회조사 원 자료(해당 연도).

Cappelli, P. 1999. *The New Deal at Work*. Oxford University Press.
Duménil, G. and D. Lévy. 2001. "Costs and benefits of neoliberalism. A Class Analysis."
    Review of International Political Economy, 8(4), pp. 578~607.
Wright, E. O. 1978. *Class, Crisis and the State*. New Left Books.
_____. 1985. *Classes*. Verso.

제2장

민주노조 운동의 지역적 '연대와 분화'의 모순성
민주노총 지역본부의 사례를 중심으로

김영수 | 경상대학교 사회과학연구원

1. 문제의식[1]

민주노조 운동은 1987년 이후 전국노동조합협의회(이하 '전노협')나 민주
노동조합총연맹(이하 '민주노총')을 중심으로, 계급적 이해의 통일, 계급적
단결과 투쟁, 국가·자본에 저항하는 투쟁전선의 형성, 투쟁의 파괴력 강화,
노동자들의 정치적 영향력 확대, 기업별 노조 운동의 극복 등을 위한 계급
적 연대활동을 전개해왔다. 민주노조 운동은 이를 위해 두 가지의 전략적
핵심과제를 설정했다. 하나는 산업별 노동조합(이하 '산별노조')을 건설하는
전략이고, 다른 하나는 노동자 정치세력화를 추구하는 전략이었다. 이는 민
주노조 운동이 노동자를 사회적인 계급주체로 나서게 할 수 있는 조직의 물
적·인적 권력자원을 확보하기 위한 전략이었고, 또한 노동자를 중심으로
하는 계급적 연대의 기반을 강화하기 위한 전략이었다. 역사적으로 볼 때,

---

1) 이 글의 질을 향상시키는 데 기여해주신 익명의 심사자들에게 진심으로 감사의 말을 전
   한다.

산별노조 운동과 노동자 정치세력화 운동이 계급적 연대에 기반을 둔 계급 주체 형성의 주요 수단이었기 때문이다. 민주노총도 창립 당시부터 현재까지 이 두 가지의 전략적 과제로 노동자들의 계급적 연대를 강화해왔다. 그러나 2013년 현재, 민주노총 상임집행부의 수가 2010년에 비해 절반으로 줄어들었으며 산하 조직으로부터 의무금이 잘 올라오지 않는 상황에 부닥쳐 있는바, 민주노총은 노동자들의 전국적 구심체로서의 위상과 역할을 담당하지 못하고 있는 상태이다.

필자는 '산별노조 건설 전략'과 '노동자 정치세력화 전략'이 내포하고 있는 모순적 딜레마, 즉 민주노조 운동의 발전전략이 오히려 기업 수준의 노동조합이나 조합원들을 개별화시키거나 분화시키는 모순적 딜레마로 작용하고 있는 현상에서 민주노조 운동이 처한 위기의 주요 원인을 찾으려 한다. 민주노총의 두 전략이 내포하고 있는 모순적 딜레마가 노동자들의 계급적 연대를 약화시키는 주요 요인이 되고 있다고 판단하기 때문이다. 민주노총은 지역을 중심으로 하는 노동 현장이나 생활 현장에서 노동자들의 계급적 연대전략을 다양한 활동에 투영하고 있지만, 노동자들은 계급적 연대의 주체로 나서지 못하고 있으며, 오히려 민주노총의 존재가 노동자 간의 경쟁적 분화의 주체로 존재하고 있는 것이 현실이다.

물론, 이런 모순적 딜레마 현상은 노동자들의 의식으로 분석·평가하는 것이 보편적인 방식이지만, 이 글에서는 노동조합의 조직체계가 내포하고 있는 측면과 주요한 투쟁전략 중 핵심인 노동자 정치세력화 전략에서 그 현상을 분석·평가하려고 한다. 왜냐하면 노동자들은 주로 자신들의 조직인 노동조합을 매개해 의식과 행동의 주체로서 존재하기 때문이다.

많은 논자가 민주노조 운동의 위기, 즉 "자본축적 구조 및 노동자계급 구성의 변화, 노동시장의 분절을 강요하는 자본의 요구에 대한 정규직 노동자들의 보편적 보신주의, 신자유주의 구조조정 저지 투쟁에서 경험했던 기업별 노조 운동의 한계 및 노동조합 운동의 관료주의화, 가속화되는 현장권력의 공동화 현상, 산별노조 건설의 지체 등을 위기의 징후로 간주하고 이런 문제들을 조금이라도 해결하려는 차원에서 민주노총의 혁신운동이 필요하다고 강조했다"(민주노총, 2000; 노중기, 2007; 양효식, 2007; 임영일, 2008). 이런 논의들은 민주노총 내부에 존재하는 기업별 조직체계의 문제, 의사결정 과정의 문제, 지도부 선출 방식의 문제, 집행력의 문제, 조직적인 평가의 문제 등을 혁신적으로 개선해야지만 민주노조 운동의 위기를 극복할 수 있다고 하면서 다양한 혁신과제를 제시했다. 그러나 이처럼 많은 논자가 민주노조 운동의 계급적 연대가 미약해진 현상에 대한 비판적 논의를 하면서도, 그 주요 원인을 민주노총의 핵심전략인 산별노조 건설 전략과 노동자 정치세력화 전략의 모순적 측면에서 찾는 경우는 거의 없었다. 그런데 민주노총의 노동운동혁신위원회가 강조했듯이, 민주노조 운동의 위기는 실질적으로 노동 현장이나 생활 현장과 밀접하게 결합되어 있는 지역에서 노동자들의 계급적 연대가 미약해진 것과 관련이 있다(민주노총, 2011: 346~347).

필자는 계급적 연대를 추구하면서도 계급적 연대를 저해하는 민주노총의 모순적 딜레마 현상을 민주노총의 공식 자료인 '사업보고서'와 민주노조 운동 전·현직 간부들의 구술 내용으로 검증할 것이다. 따라서 이 글은 민주노총 창립 때부터 현재까지 전개되었던 민주노총의 주요 활동 중에서, 노동자들의 계급적 연대를 저해해왔던 민주노총 내부의 조직체계 및 노동자 정치활동 전략에 내재한 모순을 민주노총 지역본부를 중심으로 해 지역의 민주노조 운동과 연계시키면서 분석할 것이다.

2. 지역적 계급주체 형성 전략에 대한 기존 연구

민주노총은 2006년 12월 말 기준으로 산하 조합원의 75.6%인 56만 8803명이 모두 27개의 대·소 산별노조로 편재되어 있었는데, 2012년 12월 말 현재, 총 69만 3662명의 조합원 중에서 55만 4981명(소산별노조 포함)이 23개의 산별노조에 가입해 약 80%의 산별 전환율을 나타내고 있다. 또한 16개의 지역본부가 설립되어 지역 민주노조 운동의 구심체 역할을 하고 있다. 이처럼 민주노총은 민주노조 운동의 양적인 발전과 질적인 발전을 동시에 모색하면서 노동자들의 계급주체 형성, 좀 더 구체적으로 말하자면 "구조적으로 정의된 노동계급이 집합적 행위자로 형성되어 가는 과정, 즉 노동계급이 계급이익을 성취하기 위한 계급역량을 배양해가는 과정"(조돈문, 1996: 143)에서 전국적인 조직체로서의 역할을 담당했다. 계급주체 형성과 관련된 민주노총의 주요 전략은 지역에 기반을 둔 '산별노조의 건설과 노동자 정치세력화'였다. 민주노총의 전신이었던 전노협이 추구해왔던 전략을 민주노총이 계승해 발전시키고 있다(전노협백서발간위원회, 1996; 김영수 외, 2013).

지역에서 민주노조 운동의 주체가 형성되는 과정이나 일상적인 연대의 현상 등을 역사적으로 규명한 연구, 특히 1980년대 주요 공단지역으로 이전한 학생운동 출신의 활동가들이 지역을 중심으로 계급적 연대를 일상화되고 민주노조 운동의 계급주체를 형성했던 역사적 사실들을 분석·평가한 연구는 적지 않았다(임영일, 1997; 김영수, 2004; 김원, 2006; 이광일, 2008; 김도균, 2011). 이런 연구들은 학생운동 출신의 활동가와 노동조합 운동의 활동가 간의, 혹은 조합원 간의 지역적 연대를 기반으로 해 전개되었던 역사적 사실들을 제기하고 있다. 노동자들의 지역적 연대가 민주노조 운동의 계급주체를 형성하는 주요 기제였다는 것이다.

그래서 많은 논자는 노동조합 운동의 권력자원을 "노동자들의 전국조직을 중심으로 한 계급적 연대"(Korpi, 1983: 48), "상호연대에 기반을 둔 투쟁의 공간을 지역과 생활 현장으로 확장하는 계급적 연대"(Valenzuela, 1989: 452), "조직적이고 전투적인 동원력과 그것을 가능하게 만든 조직체계"(Terborn, 1983: 65), "계급적 이해를 획득하기 위해 지역적으로 혹은 정치적으로 연대투쟁의 역량과 자원의 통일성을 높이는 연대주체의 형성"(Collier and Collier, 1992: 56; Rogers, 1995: 11) 등으로 규정하기도 했다. 이런 연구는 노동조합 운동의 권력자원이 노동자들의 지역적 생활공간을 중심으로 한 계급적 연대를 기반으로 형성된다는 점을 강조하고 있다. 계급적 연대가 노동조합 운동의 전략과 노선을 결정하는 토대이자 노동조합 운동의 질적인 성장의 근거라는 점을 강조하고 있는 것이다.

지역에 기반을 둔 민주노조 운동의 계급적 연대성은 바로 노동조합의 권력자원들을 강화하는 차원에서 형성되었다. 많은 논자가 지역을 기반으로 하는 산별노조 건설투쟁 및 노동자 정치세력화의 필요성을 제기했다(민주노총, 2000; 김영수, 2005; 민주노총, 2006b; 금속노조정책연구원, 2009; 임영일, 2009). 민주노총도 산별노조 건설 전략을 제시하면서 "① 투쟁을 통한 대중주체의 건설, ② 자주적 산별노조의 건설, ③ 민주적 산별노조의 건설, ④ 계급적 산별노조의 건설, ⑤ 연대지향적 산별노조의 건설"(민주노총, 2000)이라는 조직발전의 전략적 방향을 설정했고, "그런 전략적 방향이 노동자 정치세력화와 긴밀하게 접합되어 있다"(민주노총, 2006b; 김연홍, 2007)고 강조했다. 기업별 조직체계의 한계, 산별노조 건설 전략으로서의 지역체계의 구축, 미조직 노동자들의 조직화 필요, 지역을 기반으로 하는 계급적 연대가 산별노조 건설투쟁의 필요성 및 전략적 방향으로 제시되었던 것이다. 이런 연구들은 지역을 기반으로 한 계급적 연대가 이루어지지 않고 있는 현상만을 강조했지, 그런 현상이 왜 발생하고 있고 또 지역을 기반으로 한 계급적 연대가 왜 쉽게 형성되지 못하는가를 민주노총의 전략에서 찾고 있지는 않다.

그동안 신자유주의 세계화가 산별노조 운동을 약화시키는 대신 지역노조 운동의 기반과 필요성을 증가시켰다는 관점, 산별노조 운동을 기계론적으로 추구하는 것에 대한 반성과 비판을 수용해야 한다는 관점 등이 논의되어왔다. 지역노조가 지역사회에서 활동했던 사례들을 분석하고 그 결과를 토대로 지역노조 운동의 발전전략을 모색하는 차원의 연구(노진귀, 2012), 지역사회에 대한 노동운동의 개입전략과 정책방안을 모색한 연구(장원봉·김현우·이상훈, 2006) 등이 진행되기도 했으며, 또 노동자들의 생활세계에 대한 노동조합의 역할과 과제를 좀 더 구체적으로 모색하기 위해 생산 현장의 권력관계를 변화시키는 노동조합 운동, 탈생산 현장의 권력관계를 변화시키기 위한 노동조합 운동, 생활세계의 권력을 재구성하는 노동조합 운동 등의 이론(김영수, 2011)이 모색되기도 했다. 그리고 민주노총 지역본부의 조건과 상황에 대한 구체적 실태조사도 이뤄졌다(김유선·정경은·이정봉, 2008). 많은 연구자가 지역을 기반으로 하는 계급적 연대의 역사적 현상이나 전략적 과제, 그리고 민주노총 지역본부를 중심으로 한 지역적 연대의 실태에 대해서 분석하고 평가했던 것이다.

하지만 기존 연구들은 민주노총 조합원들이 민주노총 지역본부를 중심으로 계급적 연대의 주체로 나서지 못하고 있는 구조적 요인에 대해서, 그리고 지역에서 발생하고 있는 조합원들 간의 분화의 구조적 요인을 분석·평가하지는 못하고 있다. 즉, 민주노총 조합원들이 민주노조 운동의 모순적 구조와 함께 의식과 행동의 모순적 상태에 머물러 있지만, 이런 주체적 모순 현상을 구체적으로 분석·평가하지 못하고 있는 것이다. 그런데 민주노조 운동의 역사를 돌이켜 보면, 지역은 공동체적인 생활과 투쟁의 시간과 공간을 압축적으로 보유하고 있는 매우 중요한 거점이었다. "지역이 생활의 근거지라고 생각한다. 지금은 산별업종이 중심이 되어 지역운동을 이끌어가지만, 결국 지역에서 생활과 투쟁의 공동체를 만드는 것이 목표다. 지역에서는 다양한 사업을 진행할 수 있다. 현장에서 조합원으로 움직이는 것만 사업이 아니라, 현장 밖에서 생활 속에서 어떻게 운동들을 관철해나갈 것인지를 더 중요하게 생각하고 있기 때문에 지역 중심의 운동들이 자리를 잡아야 한다. 왜냐하면 지역 안에서 모든 노동자가 투쟁하고 생활하는 것이기 때문이다"(이원진, 2010, 구술).

이 글에서는 노동조합 운동의 주체적 모순 현상을 계급주체들 간의 상호 유기적 조응성(correspondence)에 대한 반정립, 즉 조합원들이 지역의 생활공간을 중심으로 한 계급적 연대의 주체임에도 불구하고 탈계급적으로 분화하고 있는 비조응적 관계가 구조화한 상태로 규정한다. 조합원들은 일상생활의 생산적 공간이자 소비적 공간인 지역의 주체로서 계급적 관계를 유지하거나 변화시키고, 그 과정에서 지역의 다양한 계급주체와 조응관계 및 비조응관계를 형성한다. 지역적 공간은 지속적이고 반복적인 사회규칙을 매개로 해 계급관계를 실질적으로 규정하거나 재생산하는 곳이기 때문이다. 민주노조 운동은 노동자들의 계급적 연대활동과 연대투쟁으로 규정되는 지역의 계급관계를 다음과 같이 규정하기도 한다. "조합원들은 지역의 주류세력으로 상승하고 있다는 '중산층 의식, 허위 의식'에 빠진 상태에서 자본을 대상으로 연대투쟁을 해야만 하는 계급주체임을 망각하거나, 혹은 노동 현장의 비정규직 노동자들과는 다르게 생활하고 있다는 차별의식에 포섭되어 계급적 연대를 기피해왔다"(금속노조정책연구원, 2008: 39).

이런 현상은 계급주체들 간의 탈계급적 비조응관계가 일상적 생활공간에 형성되어 있다는 것을 의미한다. 그런데 노동자계급은 대부분 노동조합을 주체적으로 결성하거나 노동자들의 집단적인 힘을 매개로 해 자본에 저항하는 계급관계를 형성하지만, 노동조합의 구조·체계·전략 등이 계급주체들 간의 조응관계 혹은 비조응관계를 형성하고 유지하는 조직적 요인으로 존재하기도 한다. 이것이 바로 계급주체들 간의 연대 및 분화로 규정되는 계급적 모순 현상이 노동조합의 조직체계, 정치활동, 투쟁전략 등으로 분석되고 평가되어야 하는 근거이다.

3. 지역적 연대와 분화의 모순: 지역체계와 지역전략

1) 지역전략의 부재

1987년 노동자대투쟁에 의해 촉발된 힘은 1988년부터 지역의 연대조직으로 결집되기 시작했다. 새롭게 결성된 민주노조들은 경남노동조합협의회 및 서울노동조합협의회 등의 지역노동조합협의회를 만들었으며, 지역의 이런 노동조합협의체들은 다시 민주노조 운동의 전국적 구심체였던 전노협으로 결집되었다. 그렇지만 대기업 노조의 연합체나 사무전문직 노조의 전국적 조직들은 전노협에 가입하지 않은 상태였으며, 이 상태로 민주노조 운동의 조직발전과 계급적 연대를 전노협과 함께 모색할 뿐이었다.

이런 현상은 계급적 단결을 저해하는 모태가 되기도 했지만, 전노협이 국가와 자본에 대한 투쟁과 동시에 조직발전 및 조직통합의 전략을 동시에 모색해야만 하는 이유가 되기도 했다. 민주노조 운동이 추구했던 조직발전 전략의 핵심은 기업별·그룹별·산업업종별로 나뉜 노동조합 운동을 넘어,

민주노조 운동을 어떻게 확대하고 강화하느냐의 문제, 즉 산별노조의 건설과 민주노조 운동의 전국적 센터를 건설하는 전략의 문제였다.

그런데 "전노협은 조직발전 전략을 모색하는 과정에서 민주노조 운동의 지역전략을 구축할 필요가 없었다고 해도 과언이 아니다. 두 가지의 이유가 있었다. 첫째, 전노협 시절 지역노동조합협의회의 활동이 왕성한 상태였기 때문에 고민할 필요가 없었다. 둘째, 그룹별·업종별 노조체계를 산업별 체계로 재구성함과 동시에 민주노조 운동의 내셔널센터를 건설하는 문제에 집중했기 때문이다. 민주노조 운동의 지역체계나 지역활동의 전략은 전국적 조직발전의 부산물 정도로 여겼던 것 같다"(양규헌, 2012, 구술). 문제는 민주노조 운동이 조직발전을 어떤 방식으로 모색했든, 지역을 기반으로 하는 조직체계의 필요성을 부정하지 않았다는 점이다. 왜냐하면 "한국 사회에 만연한 중앙집중형 구조는 건강한 기업활동과 노조활동을 가로막는 장애물이다. 중앙집중형 구조는 대기업 경영의 파행적 결과를 낳았고, 정부의 중앙집중형 관리 역시 사회경제적 질곡을 제도적으로 만들고 있다. 기업의 중앙집중과 중앙 정부의 관료체제는 민주주의를 원천봉쇄하고 있기 때문이다"(김연홍, 2007: 5~6). 민주노총은 이런 모순을 극복하기 위해 노동자 정치 세력화와 지역 중심의 대중조직 활동을 강화했다.

1994년 민주노조 운동은 기업별·그룹별·산업업종별 노동조합 운동의 상태를 기계적으로 수용하는 차원의 조직발전 전략을 모색하면서 전노협을 해산했고, 1995년 전노협의 주요 전략이었던 산별노조 건설 전략과 노동자 정치세력화 전략을 계승하면서 민주노총을 결성했다. 민주노총은 창립 당시부터 현재까지 조직적·형식적으로는 산별연맹과 지역본부를 골간체계로 하고 있었다. 여기에는 두 가지의 이유가 있었다. 첫째, 1987년 이후 고착되고 있었던 노동조합 운동의 기업별 체제를 넘어서는 초기업적 계급주체를 형성하기 위함이었다. 둘째, 지역을 기반으로 하는 여러 형태의 계급적 연대투쟁을 통해 계급형성이 이루어진다는 전제에서, 민주노조 운동의 조직적 자원과 물적 자원을 지역에 구축하기 위함이었다.

하지만 창립 당시의 민주노총은 실질적으로 기업별·그룹별·산업업종별 노조의 총합이었다. 민주노조 운동은 기업별·업종별 노조를 기반으로 하는 노동조합의 개별적 특수성을 인정하는 차원에서 조직발전을 모색했다. 따라서 민주노총의 조직발전을 주도한 집단은 산별업종연맹이나 대기업 노조 그룹이었다. 그런데 산별업종연맹이나 대기업 노조 그룹은 지역전략을 실질적으로 고민할 필요가 없었다. 바로 이것이 민주노총이 지역본부를 조직의 핵심적인 골간체계로 구성했음에도 불구하고, 지역전략이 부재하고 지역본부의 역할과 위상을 제대로 정립하지 않은 상태에서 출범한 핵심적 배경이었다. "민주노총 지역본부는 지역의 다양한 투쟁, 예를 들면, 대구본부의 대동공업 지원투쟁, 부양본부의 한진 지원투쟁, 마창시협의 한국산본 지원투쟁, 충북본부의 베이산업 지원투쟁, 인천본부의 대한마이크로 지원투쟁 등을 전개했지만, 지역본부의 역할과 위상이 제대로 정립되지 않은 상태였다"(민주노총, 1997: 122~123).

민주노총은 지역의 문제를 계급적 연대로 해결하면서 계급주체를 형성하자고 외쳤으면서도, 실질적인 지역전략은 수립하지 못하고 있었던 것이다. 이런 현상은 창립 초기뿐만 아니라 최근까지 존재했다. "총연맹이나 산별업종연맹들은 지역의 강화를 강조해왔지만, 그것에 조응할 수 있는 인력과 재정을 실질적으로 배치하지 못하고 있다. 말이나 글에서는 지역사업을 강화하고 지역사업을 한다고 말하는데, 구조가 마련되어 있지 못하다"(이정훈, 2010, 구술).

2) 지역사업의 과제와 집행 역량의 비조응

민주노총 지역본부는 운영규정에 따라 지역에서 산별업종연맹이나 대기업 노조 그룹, 그리고 개별적으로 존재하는 기업별 노조를 지원하는 차원에서 자신들의 사업을 모색하고 실현했다. 민주노총은 1996년 7월 30일 제5차 중앙위원회에서 지역본부의 운영규정을 제정하면서 지역본부의 목적과 사업을 다음과 같이 규정했다(민주노총, 1999a: 20).

① 민주노총의 정치방침에 따른 사업의 추진

② 지역 내 노동조합 간의 연대·교류 사업

③ 지역 내 미조직 노동자 조직화와 미가입 노조 가입 등 조직사업

④ 조합원 교육선전 활동과 지역 차원의 조사 활동

⑤ 쟁의의 공동 지원과 노동운동 탄압에 대한 공동 대응

⑥ 노동자의 정치세력화와 지역 내 제 민주세력과의 연대

⑦ 기타 지역본부 차원에서 필요한 사업

이런 규정은 민주노총 중앙집행위원회의 목적과 사업[2]을 지역으로 이

2) 제4조(목적과 사업) 민주노총은 노동자의 정치, 경제, 사회적 지위 향상과 전체 국민의 삶의 질을 개선하고 인간의 존엄성과 평등이 보장되는 통일조국, 민주사회 건설을 목적으로 하며 이를 실현하기 위해 다음 각 호의 사업을 추진한다. ① 노동자의 정치세력화와 제 민주세력과 연대 강화, ② 민족 자주성의 확립, 민주적 제 권리 확보, 분단된 조국의 평화적 통일, ③ 미조직 노동자의 조직화 등 조직역량 확대 강화, ④ 산업별 공동교섭 공동투쟁 체제 확립, 산업별 노조 건설, 전체 노동조합 운동의 통일, ⑤ 권력과 자본의 탄압과 통제 분쇄, 교사와 공무원의 단결권 등 노동기본권 완전 쟁취, ⑥ 공동결정에 기초한 경영참가 확대, 직장 내 비민주적 요소 척결, ⑦ 생활임금 확보, 고용안정 보장, 노동시간 단축, 모성보호 확대 등 노동조건 개선, ⑧ 모든 형태의 차별 철폐와 안전하고 쾌적한 노동환경 쟁취, ⑨ 독점자본에 대한 규제 강화와 중소기업과 농업 보호, ⑩ 사회보장, 주택, 교

관한 것이라고 볼 수 있다. 그래서 민주노총은 지역본부의 조직체계와 운영체계를 지역본부 운영규정 제6조(기관과 회의)를 근거로 한 중앙의 운영체계와 매우 유사하게 규정했다. "민주노총은 지역본부에게 다음과 같은 기관, 즉 ① 대의원대회, ② 대표자회의, ③ 운영위원회, ④ 집행위원회, ⑤ 회계감사위원회, ⑥ 상설위원회 등을 구성할 수 있게 했다"(민주노총, 1999a: 20). 지역본부가 다양한 사업을 추진하고 조직체계를 구축하기 위해선 지역 내 노동조합 간의 긴밀한 연대와 결집이 필요했고, 그것을 일상적으로 구축해나가는 집행 역량을 확보해야만 했다. 그러나 지역본부는 운영규정의 사업을 원활하게 수행할 만한 집행 역량을 쉽게 확보하지 못했다. 〈표 2-1〉은 1999년과 2009년 지역본부에 상근하고 있는 집행 역량을 제시하고 있다.

1998년 12월 31일 기준으로, 총 14개 광역시도에 민주노총 지역본부가 결성되었으며, 1491개 노조(지부 포함)의 50만 7745명의 조합원이 지역본부의 조직으로 편재되었다. 당시 52만 5774명의 민주노총 조합원 중에서 96.5%가 지역본부의 조직으로 편재된 것이다. 1999년에는 한 지역본부에 평균 8.5명이, 2008년에는 12.4명이 근무했다. 그렇지만 1999년에는 총 102명의 지역본부 간부들이 1인당 4978명의 조합원을 상대로 활동해야만 했고, 2009년에는 지역본부의 간부가 총 149명으로 증가했음에도 불구하고 민주노총 조합원도 70만 3598명으로 증가했기 때문에 지역본부 간부들은 1인당 4722명의 조합원을 상대로 활동해야만 했다. 게다가 지역본부의 규정상, 지역본부는 단위 노조 및 노동 현장에 대한 지도력과 집행력을 강화하는 활동에 주력

육, 의료, 세제, 재정, 물가, 금융, 토지, 환경, 교통 등 제도정책 개혁, ⑪ 국제연대와 인권신장 및 세계평화의 실현, ⑫ 이상의 목적과 사업을 실현하기 위한 교육, 선전, 출판 활동, ⑬ 기타 민주노총의 목적을 달성하기 위해 필요한 사업(민주노총, 1998: 19~20).

<표 2-1> 지역본부의 상근 활동 역량

(단위: 명)

구분	1999	2009
서울지역본부	10	24
인천지역본부	13	9
강원지역본부	7	13
대전충남지역본부	14	13
대구지역본부	5	8
경북지역본부	11	18
경남지역본부	7	11
부산지역본부	9	17
전북지역본부	7	12
광주전남지역본부	9	10
울산지역본부	9	8
제주지역본부	1	6
총합	102	149
평균	8.5	12.4

자료: 민주노총(1999a, 2009).

하기가 쉽지 않다. 지역본부가 지역의 특성에 조응하는 조직 강화 전략을 주체적으로 수립하고 집행하는 데 어려움이 많다는 것이다.

이런 모순적 현상은 지역본부의 저조한 회의 참석율의 주요 원인으로 작용했다. <표 2-2>는 지역본부의 주요 회의체계인 대의원대회와 운영위원회의 2008년 참석률을 지표화한 것이다. 표에서 확인할 수 있듯이, 13개 지역본부의 평균 회의 참석률은 그리 높지 않았다. 주요 사업의 전략과 방향을 결정하는 대의원대회의 참석률은 평균 52.1%였고, 일상적인 활동과 사업의 결정과 집행을 담당하는 운영위원회의 참석률은 평균 66.7%였다. "이런 현상은 주로 지역본부의 대의원이나 운영위원들이 역할과 임무의 중복

<표 2-2> 2008년 지역본부 주요회의 참석률

(단위: %)

지역본부	대의원대회	운영위원회
서울지역본부	66.3	71.4
인천지역본부	64.5	77.8
경기지역본부	69.0	69.0
충북지역본부	53.7	55.6
대전지역본부	50.3	66.7
광주지역본부	66.2	60.9
전북지역본부	72.8	64.0
경북지역본부	66.0	76.9
대구지역본부	49.0	66.7
경남지역본부	81.1	56.3
울산지역본부	55.6	76.5
부산지역본부	62.5	60.7
강원지역본부	59.3	65.0
평균	52.1	66.7

자료: 민주노총(2009).

구조에서 발생하는 피로도의 증가, 또는 지역본부의 역할과 임무에 대한 부정적 인식에서 비롯되었다. 이들은 대부분 기업별 노동조합이나 산별업종연맹의 간부로 활동하면서 지역본부에 대한 민주노총의 모순적 구조에 일상적으로 노출되지 않을 수 없었다"(손동신, 2013, 구술).

이처럼 노조 간부들은 지역에서 활동하면서 적지 않은 어려움에 직면했다. 중층적이고 복합적인 장애요인, 즉 기업별 활동과 산업업종별 활동을 전개하면서 동시에 지역에서의 활동을 담당하는 것 자체가 주요 장애요인이었다. 민주노총이 제시했던 지역본부의 모순적인 위상과 체계를 통해서 그 장애요인을 확인할 수 있다. "지역본부의 독자적인 전략이 부재하다. 첫째, 지역에서 산별연맹 및 그룹 조직과 사업 내용이 중복된다. 지역본부가 분명한 독자의 사업을 마련하지 못하는 측면과 더불어 현실적으로 불가피한 측면도 있다. 둘째, 자체 의무금으로 상근자 임금과 지역사업비를 충당하지 못한다. 지역본부의 역할과 위상이 단위 노동조합에 대한 지도력과 집행력의 강화와 무관하게 설정된 것도 주요한 원인으로 보아야 한다"(민주노총, 1998: 192~193). "충북지역은 민주노총 충북본부로 투쟁의 과업이 넘어온 뒤, 지역본부 중심의 투쟁에는 제한 요소가 존재했다. 중앙과 지역의 경우 차이가 존재하는데 중앙의 각 집행부는 투쟁 때 대회사하는 것이 전부지만, 지역의 본부는 실질적인 투쟁을 전개하면서 조직과 재정을 모두 신경 써야 하는 문제가 존재한다. 투쟁과 재정은 지역본부에서 도맡아서 하는데 실질적인 권한은 중앙본부에 집중되어 있다. 지역에 도움이 되는 것은 없다"(이정훈, 2010, 구술). "중앙에서는 영세한 조직, 비정규 조직 등을 지역을 중심으로 재조직하자고 말하지만, 실질적으로 수행된 사업은 전무하다. 사업장 단위의 이기주의가 존재하며 특히 고용문제가 심각하다. 구호로 외치는 문구상의 사업만 있지 실질적인 사업은 없다"(양선배, 2010, 구술).

3) '양날개 전략'의 역할분담

민주노조 운동의 조합원들은 산별업종연맹, 대기업 노조 그룹, 지역본부를 통해 민주노총에 가입했다. "1997년 3월 20일 현재, 산업별 조직을 통해 가입한 노조는 832개 조합원 41만 7189명이며, 그룹별 조직을 통해 가입한 노조는 14개 조합원 6만 7명이고, 지역본부를 통해 가입한 노조는 50개 조합원 1만 2306명이다"(민주노총, 1998: 38). 지역본부에 직접 가입했던 단위노조들을 산별조직으로 재편하는 전략이었다. 〈표 2-3〉에서 확인할 수 있듯

〈표 2-3〉 민주노총 지역본부에 직접 가입한 노조 및 조합원 현황

지역본부	창립 당시(1995.11)	2000.12.31	2005.12.31	2010.12.31
노조(개)	106	38	90	128
조합원(명)	51,844	8,000	10,499	9,930

자료: 민주노총(1996, 2001a, 2006a, 2011).

이, 창립 당시부터 2010년 12월까지 평균적으로 약 90개 노조에서 약 2만 여 명의 조합원이 민주노총 지역본부에 직접 가입했다가 산별업종연맹으로 재편되어 왔다.

민주노총 지역본부에 직접 가입했던 노동조합들이 산별업종 조직이 없거나 산별조직으로 가입 단위를 결정하지 못해서 나타난 것이지만, "민주노총 창립 초기에 지역본부를 통해 가입된 노동조합들도 이제는 대부분 산업별 조직으로 가입했다"(민주노총, 1999a: 98). 이는 지역본부의 역할과 위상이 지역의 산별업종연맹을 조직적으로 지원하는 수준이었다는 것을 나타내는 것이기도 하지만, 민주노총 지역본부가 실질적으로 발휘할 수 있는 지도력과 집행력을 산별업종조직으로 이관한 것이다. 금속노조의 한 간부는 지역을 중심으로 한 계급적 연대를 강화하는 차원에서 민주노총 자체가 하나의 노조로 재편되어야 한다고 강조하기도 했다. "지역을 강화하는 지역별 산별체계가 산업업종별로 구축되는 것이 아니라, 민주노총 지역본부의 차원으로 발전해야 한다. 민주노총이 하나의 단일노조가 되는 방안이 필요하다. 이래야만, 지역별 연대가 강화될 것으로 본다"(양선배, 2010, 구술).

그렇지만 민주노총은 산별연맹과 지역본부의 역할과 임무를 분리시켰다. "지역의 조건이나 산별연맹의 수준에 따라 일정 기간 지역본부가 임금협상 투쟁에 대한 사업을 진행할 수밖에 없는 것이 현실이나, 장기적 관점에서 보면 산별연맹은 임금협상 투쟁, 지역본부는 정치세력화와 사회개혁

투쟁을 주요사업으로 해야 한다"(민주노총, 1998: 193). 이런 현상은 노동자들의 권력자원을 소위 '양날개 전략'[3], 즉 임금인상 투쟁, 단체협상개정 투쟁, 정치세력화 투쟁, 사회개혁 투쟁 등의 역할과 임무를 분리시키는 투쟁전략의 결과였다. 민주노총은 지역본부와 산별연맹의 역할과 임무를 분리한 것이다.

"민주노총 지역본부의 위상은 민주노총 중앙의 집행조직으로서 지역사회를 중심으로 정치세력화와 사회개혁 투쟁을 주도하고 이를 뒷받침할 각종 정치적, 정책적 대안을 제시하는 것이다. 나아가 산별노조 지역조직의 사업을 총괄하고 조정하는 역할을 한다. 한편, 산별노조의 지역조직은 산별중앙조직의 방침에 따라 지역 단위의 단체교섭과 파업을 집행하는 주체이다. 산별체제 하에서는 대부분의 파업투쟁이 지역을 중심으로 이루어지므로 이 투쟁을 조직하기 위해서는 활동가 및 조합원의 조직화, 동원, 교육 등을 실질적으로 주도하고 통제하는 역할을 수행해야 한다. 지역조직은 이처럼 일상적인 조합활동을 중심으로 하면서 산별노조 관할 사업장과 조합원을 대상으로 정치사업을 전개할 수 있다. 미조직 노동자들을 조직화하는 사업도 산별노조 지역조직의 중요한 과제이다"(민주노총, 2006b: 2).

중앙조직과 단위 현장의 역할분담론이 보편적으로 받아들여지면서 중앙조직은 정부나 국회를 상대로 하는 정책 중심의 활동을, 단위 현장은 투쟁 중심의 활동을 하게 되었다. 산별노조의 문제점으로 지적되어왔던 '노조의 관료화' 가능성이 이미 구조적으로 존재했던 것이다. 그래서 "단위 노조는 임금협상 투쟁이나 단체협상개정 투쟁 이외의 문제를 중앙조직이나 지역본부의 상근 간부들 몫이라고 간주했다. 이처럼 지역적 투쟁의제의 문제를

---

3) 민주노조 운동과 진보정당 운동의 역할분담에서 비롯한 개념이다. 즉, 민주노조 운동이 산별노조 건설투쟁을 담당하고, 진보정당이 노동자 정치세력화 투쟁을 담당하는 것이다.

자신의 것으로 체화하기 어려운 모순적 구조 속에서 노조 운동을 전개할 수밖에 없었던 것이다"(정용재, 2013, 구술).

이런 역할분담론은 지역 내에서 민주적이고 유기적인 소통조차 방해하는 요인으로 작용하곤 했다. 지역·산별·연맹의 중앙조직들도 민주노총이 자기 산하 조직의 단위 현장과 직접적으로 소통하는 것에 대해 달갑게 여기지 않는 경우가 허다하게 발생했다. 지역·산별·연맹의 중앙조직들도 마찬가지이다. 산하의 조직 내에서 중앙을 거치지 않고 직접 단위 현장과 소통하지 않는 것을 조직운영의 관례로 간주하고 있는 것이다. "민주노총 지역본부에서 제기되는 주요한 갈등 중에 하나는 산업업종별 노조의 지침이나 기업별 노조의 지침과 무관하게 하달된 민주노총의 지침들이었다. 지역본부의 간부들은 자신이 소속되어 있는 조직의 지침을 전제로, 지역 내에서 해야 할 역할과 임무를 미리 규정하고서 지역본부의 회의에 참석한다"(손동신, 2013, 구술). 지역의 조합원들이 조직의 주체라는 의식을 갖지 못하고, 조직에 의존하는 주체로 남게 된 현상은 다음과 같이 나타났다. "인력과 재정을 떠나서, 문제는 지역운동에 대한 관심이 적다는 점이다. 지역운동은 지역본부에 상근하고 있는 간부들의 몫으로 간주한다. 조합원들이나 단위노조의 간부들은 역할분담의 전략에 이미 중독되어 있는 것이다"(이원진, 2010, 구술).

4. 지역적 연대와 분화의 모순: 지역정치활동

민주노총은 1995년 창립 당시의 강령 제2항에서 "우리는 노동자의 정치세력화를 실현하고 제 민주세력과 연대를 강화하며, 민족의 자주성과 건강한 민족문화를 확립하고 민주적 제 권리를 쟁취하며, 분단된 조국의 평화적 통일을 실현한다"(민주노총, 1996)고 조직의 방향성을 규정했다. 민주노총은 이를 실현하기 위해 1997년 대통령 선거투쟁에 적극적으로 결합한 이후 진보적인 정당을 결성하는 투쟁, 다양한 선거에 참여하는 투쟁, 대중적 정치투쟁 등의 정치활동을 전개했다. 이런 정치활동은 민주노총이 정치적으로 의미 있는 세력으로 자리매김하는 과정이었으며, 정치권력의 장악에 필요한 정당을 조직화하는 과정이었다. 그런데 이후 민주노총 지역본부의 지역 정치활동은 쉽게 활성화되지 않았다. 그 이유는 민주노총의 노동자 정치세력화 전략이 안고 있는 모순적 구조 때문이었다.

1) 배타적 지지전략의 모순

민주노총은 의회전략의 일환으로 민주노동당 중심의 정치세력화를 추진했다. 민주노총은 1999년 8월 28일 제15차 대의원대회에서 "진보정당을 주도적으로 창당하고, 그 정당에 대한 배타적 지지전략으로 노동자 정치세력화를 추구한다"(민주노총, 2000: 134)고 결정했으며, 민주노총 중앙집행위원회와 중앙위원회는 대의원대회의 결정을 토대로 해 2000년 4월 민주노동당을 만들었다. 민주노총이 민주노동당에 대해 배타적으로 지지해야만 하는 근거였다. 민주노총은 대의원대회의 이런 결정을 근거로 삼아 산하의 산별업종연맹을 중심으로 정치위원회를 구성했고, 조합원의 정치의식을 고양하고 정치적 투쟁공간을 확장하기 위해 다양한 정치활동을 전개했다.

민주노총 정치위원회는 민주노동당이나 민주노총에서 요구하는 각종 정치방침을 실질적으로 집행했다. 민주노총 정치위원회는 민주노동당에 대한 배타적 지지전략에 조응하는 정치방침들을 수립해 지역본부로 하달했고, 민주노총 지역본부는 이 정치방침에 조응하는 각종 지역정치활동을 전개했다. 민주노총 정치방침의 핵심을 일반화해 설명하면 다음과 같다. "① 각종 선거와 노동자·민중 투쟁의 결합을 통해 보수·수구와 진보의 대립전선을 구축한다. ② 정치적 영향력의 확대를 통해 노동자·민중의 생존권을 쟁취한다. ③ 각종 선거에서 노동조합의 적극적인 결합과 지원, 계급 투표의 조직 등 선거투쟁을 적극적으로 전개한다. ④ 정당명부 선거제도를 중심으로 한 정치적 연대사업을 지역에서 실천한다. ⑤ 조합원에 대한 교육 및 선전을 강화해 지역의 진보정치를 주도할 주체를 형성한다"(민주노총, 2003, 2005, 2007). 비례대표를 선출하는 정당명부 선거제도가 도입되기 이전까지만 해도 지역은 정치적 대표를 선출하는 주요 공간이었다. 따라서 민주노총 지역본부는 해당 지역의 각종 선거에서 민주노동당이나 민주노총의 (지지)후보들을 당선시키는 정치활동에 주력했다. 구체적으로는 조합원들을 대상으로 하는 계급투표 및 당원의 배가를 위한 조직화 활동, 조합원들의 정치의식을 고양하기 위한 교육활동, 여론을 형성하기 위한 선전 및 홍보활동, 민주노동당과의 정례협의회 활동, 각종 노동단체 및 민중단체와의 관계를 형성하고 유지하는 연대활동, 정치활동의 물질적 기반을 확보하기 위한 모금활동 등이 그것들이었다.

그렇지만 민주노총의 지도부와 조합원들은 정치의식의 불균등성이라는 모순을 쉽게 극복하지 못했다. "우리 조합원들은 '노동자 정치세력화나 민주노동당'에 그다지 관심이 없었고 또 잘 몰랐다. 이것이 솔직한 우리의 현실이었다"(민주노총, 2004: 2). "민주노총과 민주노동당은 계급투표 전략을 내세우면서 조합원들의 정치의식을 변화시키고, 그들을 진보정치의 주체로 나서게끔 하려고 했다. 그러나 민주노총이 민주노동당을 주도적으로 만들었음에도 불구하고, 민주노동당에 대한 조합원들의 지지율은 그리 높지 않았다. 계급투표 전략은 조합원들에게 쉽게 체화되지 않았다. 비례대표 국회의원을 선출하는 정당투표에서는 그나마 진보적인 정당을 지지했지만, 지역의 국회의원이나 대통령을 선출하는 투표에서는 계급투표를 하는 것보다는 지배적인 권력의 힘을 보유하고 있는 후보나 정당을 지지했다"(이성재, 2012, 구술).

1999년과 2001년 민주노총 조합원의 민주노동당 지지율에 관한 민주노총의 조사에 따르면, 조사 대상 전체 조합원의 평균 24.4%만이 민주노동당을 지지했으며 약 56%는 정당을 지지하지 않는 것으로 나타났다. 2001년 선거가 민주노총이 민주노동당을 주도적으로 창당하고, 2002년 대통령선거와 지방선거를 앞두고 있는 시기에 치러졌다는 점을 생각하면 매우 낮은 수치라고 할 수 있다. 당시 정당을 지지하지 않았던 54.5%의 조합원들은 제도권의 보수정당을 지지하거나 혹은 정치에 대한 관심을 갖고 있지 않았던 것이다. 이런 현상은 두 가지의 의미를 내포하고 있다. 하나는 민주노총 조합원들이 민주노총의 민주노동당에 대한 배타적 지지전략을 수용하지 않고 있다는 점이고, 다른 하나는 조합원 간의 정치적 불균등 현상이 매우 높았다는 점이다. 따라서 민주노동당은 2002년 지방선거부터 2013년 국회의원선거까지도 매우 낮은 득표율을 나타냈다. 득표율 현황은 〈표 2-5〉에서 확인할 수 있다.

〈표 2-4〉 민주노총 조합원의 민주노동당 지지율

(단위: %)

구분	1999	2001	평균
민주노동당 지지	25.7	23.1	24.4
지지정당 없음	57.4	54.5	55.9

자료: 민주노총(2001c).

<표 2-5> 민주노동당의 득표율 변화

(단위: %)

주요 선거	민주노동당 득표율	비고
2002년 지방선거	8.13	광역의원 득표율
2002년 대통령선거	3.89	후보자 득표율
2004년 국회의원선거	13.03	정당비례대표 득표율
2006년 지방선거	11.36	광역의원 득표율
2007년 대통령선거	3.01	후보자 득표율
2008년 국회의원선거	5.68	정당비례대표 득표율
2010년 지방선거	9.67	전국 득표율
2012년 국회의원선거	10.3	정당비례대표 득표율
전체 평균	8.13	

자료: 중앙선거관리위원회 홈페이지 선거통계시스템.

　각종 선거에서 확인된 민주노동당의 평균 득표율은 8.13%이다. 조사기 간의 전체 유권자의 평균적인 수를 약 3700만 명으로 봤을 경우, 약 300만 명만이 민주노동당을 지지한 것이다. 민주노동당은 2002년 지방선거와 대 통령선거에서 각각 8.13%와 3.89%를 득표했는데, 이런 득표율은 민주노총 의 조합원과 그 가족들의 수에도 미치지 못한 것이었다. 특히 〈표 2-4〉에서 지지하는 정당이 없다고 했던 민주노총 조합원들이 2002년 지방선거와 대 통령선거에서 보수적인 정당 및 그 정당의 후보자를 지지했다고도 볼 수 있 다. 민주노총 중앙위원회는 2007년 대선 이후 처음 개최된 회의에서 "민주 노동당에 대한 배타적 지지방침이 유실되었기 때문에 그것을 근본적으로 재검토해야 한다"(민주노총, 2009: 57, 65, 150)는 점을 제기하기도 했다.

　이처럼 민주노총 조합원들과 민주노총의 정치방침 간에 간극이 존재했 기 때문에, 지역본부는 조합원들을 노동자 계급정치의 주체로 변화시키기 가 쉽지 않았고, 조합원들은 자신의 정치적 경향성 때문에 지역본부의 정치활동에 주체적으로 참여하기가 쉽지 않았다. 민주노총 조합원들은 지역에서 정치적 연대의 주체로 존재하는 것이 아니라 개별화된 정치적 분화의 주체로 존재했던 것이다.

2) 비주체적 동원전략의 모순

민주노총은 다양한 선거에서 민주노총 (지지)후보를 결정하고, 그 (지지)후보들에 대해 조직적으로 지원했다. 민주노총은 특히 지방선거에 아주 많은 (지지)후보를 내세웠다. 〈표 2-6〉은 민주노총이 2002년 이후의 주요 선거에 내세웠던 (지지)후보의 현황이다. 민주노총 (지지)후보는 2002년 지방선거에서 127명이었는데, 2010년 지방선거에서 465명으로 증가했다. 또한 국회의원선거에서도 2008년 29명에서 2012년 143명으로 증가했다. 민주노총 (지지)후보가 지속적으로 증가하고 있는 것이다. 특히, 2008년 대통령선거 이후 추진된 '反MB 후보단일화 전략'은 민주노총의 (지지)후보가 급격하게 증가하는 요인으로 작용했다.

민주노총 정치위원회는 산별업종연맹과 단위 노조에서 추천한 후보[4]나 민주노동당의 후보로 결정된 사람을 민주노총 (지지)후보로 추인했다. 민주노동당의 당원으로 활동하는 조합원의 경우, 민주노동당의 후보를 결정하는 과정에 주체적으로 참여할 수 있었다. 그런데 조합원들은 민주노동당의

---

4) 산별업종연맹이나 단위 노조에서 추천한 후보 중에는 민주노동당의 후보로 나서지 않고 무소속이나 제도권 야당의 후보로 나선 사람들도 있었다. 이는 오로지 당선만을 위한 선택이었다. 이는 2002년 1월 15일 중앙위원회가 "민주노동당을 통해 출마하지 않아도 민주노총 조합원을 민주노총 후보로 추인받을 수 있게 한 결정(민주노총, 2003: 44)" 때문이며, 이로써 민주노총 정치위원회는 그런 후보자조차 민주노총 (지지)후보로 추인하지 않을 수 없었다.

<표 2-6> 민주노총 (지지)후보의 현황

(단위: 명)

주요 선거	민주노총 (지지)후보
2002년 지방선거	127
2004년 국회의원선거	57
2006년 지방선거	204
2008년 국회의원선거	29
2010년 지방선거	465
2012년 국회의원선거	143

자료: 민주노총(2003, 2005, 2007, 2009, 2011, 2013).

후보를 결정하는 과정에서 '정파적인 경쟁의 소용돌이'를 경험한다. "지역의 민주노동당 후보를 결정하는 과정이 곧 조합원을 지역적 연대정치의 주체로 변화시키고 또한 계급적 정치의식을 고양하는 계기가 되어야 하는데, 이런 욕구는 매우 이상적인 바람이었던 것이다. 지역의 조합원들은 후보를 선택하는 과정에서 정파적인 세력의 결정에 동원된다. 지역에서 벌어지는 정파적 경쟁은 노동자들을 정치적으로 분화시키거나 개별화시키는 주요 요인으로 작용한다"(이성재, 2012, 구술). 이처럼 지역 내에서의 '정파적인 경쟁의 소용돌이'가 민주노조 운동을 위기로 유도하는 여러 요인 중에 하나로 간주되었는데, 그 대안으로 임영일(2005)은 "정파적인 정돈과 협조를 민주노조 운동의 위기를 극복하는 방안으로 제시하기도 했다". 또한 산별업종연맹이 단위 노조에서 추천한 후보들이 대부분 노동조합 간부들의 결정으로 이루어졌는데, 이는 민주노동당에 가입하지 않은 조합원의 입장에서 봤을 때, 민주노총 (지지)후보를 결정하는 과정에 조합원들이 주체적으로 참여하기가 쉽지 않은 상태라고 여길 수 있었다. 이런 모습은 조합원들이 민주노총 (지지)후보와 상호조응적 관계를 형성하는 데 큰 방해 요인으로 작용했다.

　그런데 지역본부는 정치위원회에서 추인한 민주노총 (지지)후보의 선거투쟁에 적극적으로 개입한다. 민주노총 (지지)후보를 당선시키는 것은 노동자 정치세력화를 위한 지역본부의 임무이기 때문이다. 문제는 지역본부의 선거투쟁에 조합원들이 주체적으로 참여하지 않는다는 점이다. 조합원들은 민주노총 (지지)후보가 추인되거나 결정되는 과정, 그리고 그 (지지)후보를 지원하는 과정에서 민주노총의 하향식 동원정치와 상호조응적 관계를 형성하지 못하게 된다. "선거투쟁만이라도 조합원들을 정치의 주체로 나서게 해야 하는데, 그렇게 하지 못하고 있다. 선거가 시작되는 순간 지역본부의 간부나 활동가들은 민주노총 (지지)후보의 당선이나 좀 더 많은 득표에 집중한다. 이것이 조합원들을 선거에 동원하는 주요 이유인 것이다"(강성신, 2013, 구술).

　민주노총 정치위원회도 하향식 동원정치의 문제점을 다음과 같이 지적하고 있다. "많은 민주노총 (지지)후보를 지원하는 사업, 정치실천단을 조직하는 사업, 선거자금을 조직하는 사업 등 정치사업의 폭이 넓어졌으나 민주노총 소속 당원의 활동성이나 현장에서의 정치활동은 일상적이지 못하고, 선거 시기에만 추진되는 지지·지원의 틀을 벗어나지 못하고 있다. 지속적인 당의 발전과 노동자 정치세력화의 진전을 위해서는 현장 내 정치사업의 확대와 강화가 필요하며 현장(단위 노조) 정치위원회의 구성과 실천, 당원의 활동성이 강화되어야 한다"(민주노총, 2007: 234). 이런 평가는 조합원이 노동자정치의 동원대상이 아니라, 실질적인 주체로 형성되어야 한다는 의미이기도 하다.

3) 합법주의적 선거전략의 모순

민주노총은 노동자 정치세력화의 전략적 목표를 수립했다. 그것은 "민주노동당의 대중적 정립, 노동자 정치세력화의 토대 강화, 대중투쟁과 선거투쟁의 결합, 노동자·민중의 정치적 투쟁전선의 확대 및 강화, 지방의회 및 국회로의 진출 및 현실정치에 개입할 수 있는 조건의 확보, 정책과 제도 개선을 위한 각종 투쟁과 활동의 강화, 조합원들의 정치의식 고양, 진보진영의 정치적 단결의 강화, 노동자계급의 이해의 정치적 관철" 등이었다(민주노총, 2002, 2004). 민주노조 운동은 노동정치의 전략을 신자유주의 전략에 조응할 수 있는 노동 현장의 권력으로 실현하려 했다. "신자유주의 시대는 노동 현장이나 생활 현장의 계급갈등을 심화시켰고, 거시적·미시적 수준에서 노동 현장의 정치를 활성화했다. 1990년대 초반부터 노동운동의 정체성의 위기가 제기되어 노동운동이 정치적으로 재구성되기 시작했는데, 그것은 노동조합 운동 내부의 잠재적인 역량을 노동 현장의 권력으로 현실화하는 것이었다"(Heron, 1996; Moran, 1998).

민주노총은 노동 현장의 정치적 주체로서의 역량을 강화함과 동시에, 그 역량을 기반으로 한 노동 현장에 대한 노동조합의 지배력을 강화하려 했다. 이것은 민주노총이 노동조합의 대중적인 정치사업을 위해 대부분의 선거에서 정치실천단의 조직, 정치기금의 모집, 1노조 1조합원 교육, 현장투쟁과의 결합, 유권자 서명운동 등을 전개했던 주요 이유였다. 이런 활동만이 노동자들의 개별적으로 분절된 정치의식을 계급적인 정치의식으로 전화시키고 노동 현장의 정치적 역량을 강화할 수 있다고 판단했다.

대중적인 선거투쟁은 조합원들을 정치주체로 변화시킬 수 있는 주요 계기이다. 민주노총이 선거투쟁을 통해 노동 현장의 정치위원회를 구성함과 동시에 현장 정치를 활성화하려 했던 것도 조합원과 노동자 정치세력화 간의 상호조응성을 높이려는 과정이었다. 그런데 노동자 정치세력화를 위한 민주노총의 전략적 목표는 제도적인 선거투쟁에 집중하는 것으로 변화되어 버렸다. 민주노총이 소위 '선거공영제'5)를 적극적으로 수용하면서 선거투쟁을 전개했기 때문이다. 민주노총의 (지지)후보들은 선거공영제, 즉 선거투쟁의 대상에 대한 제한, 선거 참여의 제한, 소수대표제의 제한이라는 정치관계법의 테두리 안에서 대중적인 선거투쟁을 전개했다. 이런 합법주의적 선거전략은 선거투쟁과 대중투쟁을 결합시키지 못하게 만들었다. "선거공영제를 수용했기 때문에, 각종 선거에서 노동조합의 이름으로 선거운동을 한 후보는 전혀 없었고, 노동조합이 조직적으로 노동자 후보를 지원하는 모습도 전혀 보이지 않았다"(금속노조정책연구원, 2008: 49).

민주노총 지역본부는 선거투쟁과 관련된 각종 선전활동, 교육활동, 조직활동, 모금활동 등을 지역이나 노동현장의 간부들에게 요구하는 수준에 머물렀다. 예를 들면, "각종 선거에서 단위 사업장에서만 할 수 있는 사업을 개발하려 했지만, 개정된 선거법 때문에 할 수 있는 일이 없어서 결국 일상적인 지원활동조차 하지 못했다"(전국공공운수사회서비스노동조합연맹, 2004). 선거 시기를 활용하는 정치적 연대전략은 노동 현장이나 생활 현장에 투영될 수 없었다.

지역이나 현장에서도 민주노총의 요구사항은 쉽게 수용되지 않았다. 지역이나 현장의 노조 간부들은 조합원의 개인의 정치적 성향, 즉 부르주아 계급의 개혁적인 정당에 대한 지원·지지를 조합원들에게 강요하지 않았다. 조

---

5) '공정한 선거경쟁의 게임법칙'을 내세워, 후보자나 유권자들이 합법적인 홍보만을 벌이도록 종용하고, 투표장에서 유권자 한 명당 한 표만을 행사하게 하는 제도이다. 이런 제도는 선거투쟁과 대중투쟁의 결합을 원천적으로 봉쇄하고 있다.

합원들은 이미 노동자 계급정치와 비조응적인 관계를 지속해왔기 때문이다. "조합원 스스로 정당이나 후보자에 대한 지지를 결정한다. 조합원은 자신의 자율적 판단에 개입하는 것을 허용하려 하지 않는다. 조합원들은 계급적인 현장정치를 경험해보지 못했기 때문이다"(이승원, 2007, 구술). 그래서 민주노총 정치위원회는 상층 집행부(정확히 표현하면 총연맹, 산별업종연맹과 지역본부)를 대상으로 하는 정치활동에 집중했다. "민주노총 정치위원회와 지역본부는 선거투쟁 시기에 교육용 자료를 만들어 제공하거나 혹은 선거와 관련한 각종 지침을 관리하는 활동을 넘어서지 못했다. 민주노총은 조합원 대중을 정치적 투쟁의 주체로 나서게 하는 전략적 과제를 실천하지 못했다"(안재원, 2013, 구술). 민주노총 지역본부는 단위 노조에 정치위원회를 구성하거나 활동하게 한다는 전략적 목표를 세우고 있었음에도 불구하고, 구체적인 정치활동을 지원하거나 그런 정치활동의 내용조차 정확하게 제시하지 못했다. 단위 사업장의 현실에 맞는 모범사례의 발굴, 조합원을 대상으로 하는 교육, 현장 정치활동에 대한 구체적인 지원 등의 집행이 이루어지지 못했던 것이다. "정치사업의 기반 – 정치교육, 단위노조 정치위원회, 실천사업 – 이 취약한 현실이 그대로 반영되었다"(민주노총, 2002: 239).

민주노총은 지역본부를 중심으로 각종의 선거에서 지역의 선거투쟁과 대중적 정치투쟁을 결합시키는 전략을 내세웠지만, 실질적으로는 그런 전략 자체가 모순적이었다. 합법적인 선거제도를 넘어서고자 하는 정치적 투쟁전략이 존재했지만, 실질적으로는 후보자들의 선거운동을 합법적으로 지원하고 동시에 노동자들을 투표에 참여시키는 전략만이 집행되었다. 조합원들은 노동자 정치세력화 전략과 관련한 민주노총의 모순적 딜레마 현상을 쉽게 극복하지 못한 채, 스스로를 투표에 참여하는 정치활동, 소위 계급적이든 개별적이든 투표만을 노동자 정치세력화의 전략으로 수용하게 되었다.

5. 결론

민주노총은 노동자들의 생활공간인 지역을 중심으로 계급주체를 형성하려 했다. 그런데 지역적 계급주체 형성 전략은 산업업종별 노동조합을 건설하는 투쟁과 노동자 정치세력화를 위한 선거투쟁의 모순적 딜레마 현상에 직면하지 않을 수 없었다. 민주노총의 모순적 딜레마 현상은 두 가지의 운동이 발전하는 서로 다른 과정에서 또 다른 질곡으로 작용해왔다.

산업업종별 노동조합을 건설하는 투쟁은 질적인 조직발전의 한계 상황에 직면해 있다. 하나는 노동자들의 계급적 정체성에 기반을 둔 산업별 노동조합 건설운동이 양적인 통합만을 추구하는 운동으로 전락했다는 점이다. 조직의 형식은 산업별 노동조합이었지만, 조직의 내용은 기업별 노동조합이었다. 조직체계는 양적인 조직통합 전략의 성과로 정착된 산업별 노동조합이지만, 산업별 노동조합이 계급적 대중조직으로서의 역할과 기능을 실질적으로 담당하지 못하고 있다. 산업별 노동조합 건설운동은 변형되고 왜곡되는 조직체계의 문제만으로 국한되어 버렸다.

다른 하나는 대기업, 정규직 중심의 기업별 노동조합이 양적 헤게모니를 활용하면서 산업별 노동조합의 조직체계를 좌우하고 있다는 점이다. 산업업종별 노동조합을 건설하는 투쟁이 기업별·업종별 지부(본부)체계를 제한적으로 인정하면서 전개되고 있기 때문에, 기업별·업종별 지부(본부)는 산업업종별 노동조합의 권력자원을 계급적 노동조합 운동의 수단으로 활용하기보다는 기업별·업종별 노동조합 운동의 수단쯤으로 간주하고 있는 것이다.

노동자 정치세력화를 위한 투쟁도 2008년 국회의원 선거를 계기로 전략적 한계를 드러내기 시작했다. 민주노총 조합원들은 민주노동당의 분당을 계기로 배타적 지지전략의 허상과 문제점을 확인했고, 2012년 국회의원 선거의 후보를 결정하는 과정에서 드러났던 통합진보당의 비민주적 정치활동 등을 경험하기도 했다. 통합진보당은 2012년 국회의원선거 이후에 다시 분당했는데, 이를 계기로 많은 논자는 진보정치를 재구성할 것과 민주노총이 이미 유명무실해진 배타적 지지전략을 포기할 것을 지적했다.

하지만 더 중요한 것은 민주노총의 노동자 정치세력화 전략 속에 내재되어 있는 자기 모순적인 딜레마 현상을 극복하기 위한 투쟁이 조직 내적으로 전개되어야 한다는 점이다. 민주노총은 지역의 조합원을 분화시키고 있는 배타적 지지전략, 비주체적 동원전략, 합법주의적 선거전략의 모순성을 극복해 조합원과 노동자 정치세력화 전략 간의 상호 유기적인 조응성을 강화해야 한다. 따라서 민주노조 운동은 생산 현장과 생활 현장 간의 상호연계성을 확장하는 전략을 재구성해야만 한다. 이는 모순적 딜레마 현상에서 벗어나기 위한 새로운 전략을 민주노총이 스스로 모색해야 한다는 의미이다. 민주노조 운동의 지역조직 및 조직체계를 재구성하는 과제, 지역 내 다양한 주체들 간의 소통을 실질적으로 활성화하는 과제, 노동 현장과 생활 현장을 동시에 포괄하고 있는 지역이 활동의 중심이 되게 하는 과제, 노동자의 정치활동을 공장의 안과 밖에서 확장해나가는 과제, 정규직 및 비정규직 등으로 분화한 내적인 계급관계를 계급적 산업업종별 노동조합 운동으로 변화시키는 과제 등이 일상활동의 전략적 목표가 되어야 한다.

참고문헌

금속노조정책연구원. 2008. 『지역 연대활동』. 금속노조정책연구원.

_____. 2009. 『산별노조발전전망 보고서』. 금속노조정책연구원.

김도균. 2011. 「대전지역 민주노조 운동의 태동과 형성: 80년대 학생들의 현장투신 과 87·88년 주요 노동자 투쟁을 중심으로」. ≪사회과학연구≫, 제22권 제3호, 97~119쪽.

김연홍. 2007. 『산별노조시대와 노동자 정치세력화』. 금속노조.

김영수. 2004. 『국가 노동조합 노동자정치』. 현장에서미래를.

_____. 2005. 「한국 공공부문 노동운동의 투쟁노선에 대한 비판적 고찰: '민주적 구조조정론'과 '사회공공성론'을 중심으로」. ≪한국정치학회보≫, 제39권 제3호, 395~412쪽.

_____. 2011. 「노동조합의 지역운동론 모색: 생활세계를 중심으로」. ≪사회과학연구≫, 제22권 제3호, 92~127쪽.

김영수 외. 2013. 『전노협 1990~1995』. 한내.

김원. 2006. 『여공 1970, 그녀들의 反역사』. 이매진.

김유선·정경은·이정봉. 2008. 『민주노총 지역조직 실태와 과제』. 한국노동사회연구소.

노중기. 2007. 『한국의 노동정치와 노동운동』. 한신대학교출판부.

노진귀. 2012. 『지역노동조직의 지역사회활동 사례연구』. 한국노총중앙연구원.

민주노총. 1996. 『1995년 민주노총 사업보고서』. 민주노총.

_____. 1997. 『1996년 민주노총 사업보고서』. 민주노총.

_____. 1998. 『1997년 민주노총 사업보고서』. 민주노총.

_____. 1999a. 『1998년 민주노총 사업보고서』. 민주노총.

_____. 1999b. 『조합원 생활실태 및 의식조사 결과 보고서』. 민주노총.

_____. 2000. 『민주노총 산별노조 건설 전략』. 사회진보연대.

_____. 2001a. 『2000년 민주노총 사업보고서』. 민주노총.

_____. 2001b. 『2000년 조합원 생활실태 조사결과』. 민주노총.

_____. 2001c. 『조합원 정치의식 조사보고』. 민주노총.

_____. 2002. 『2001년 민주노총 사업보고서』. 민주노총.

_____. 2003. 『2002년 민주노총 사업보고서』. 민주노총.

_____. 2004. 『2003년 민주노총 사업보고서』. 민주노총.

_____. 2005. 『2004년 민주노총 사업보고서』. 민주노총.

_____. 2006a. 『2005년 민주노총 사업보고서』. 민주노총.

_____. 2006b. 『민주노총 지역본부와 산별노조 지역조직의 위상』. 민주노총.

_____. 2007. 『2006년 민주노총 사업보고서』. 민주노총.

_____. 2009. 『2008년 민주노총 사업보고서』. 민주노총.

_____. 2011. 『2010년 민주노총 사업보고서』. 민주노총.

_____. 2013. 『2012년 민주노총 사업보고서』. 민주노총.

양효식. 2007. 「노동운동의 위기, 현장 활동가의 과제와 역할」. 민주노총 '현장조직 운동의 나아갈 방향' 토론회 발표 자료(2007.1.13).

이광일. 2008. 『좌파는 어떻게 좌파가 됐나』. 메이데이.

임영일. 1997. 『한국의 노동운동과 계급정치(1987~1995): 변화를 위한 투쟁, 협상을 위한 투쟁』. 경남대학교출판부.

_____. 2005. 『민주노조 운동의 위기와 극복의 과제들』. 영남노동운동연구소.

_____. 2008. 『금속산별노조 건설운동의 과정, 현황과 과제』. 전국금속노조.

_____. 2009. 『산별노조 건설운동: 성과와 한계, 극복과제, 방향 모색』. 한국노동운동연구소 기획토론 자료.

장원봉·김현우·이상훈. 2006. 『지역사회와 노동운동의 개입전략』. 한국노동사회연구소.

전국공공운수사회서비스노동조합연맹. 2004. 『4·15 총선 평가 초안』. 공공연맹.

전노협백서발간위원회. 1996. 『전노협백서 1~5』. 전노협.

조돈문. 1996. 「1950년대 노동계급의 계급해체: 노총의 호응성 전략과 노동자들의 저동원」. ≪경제와 사회≫. 제29호, 139~170쪽.

중앙선거관리위원회 홈페이지 선거통계시스템. http://info.nec.go.kr/

구술자료

강성신(전 민주노총 울산지역본부장, 2013년)

손동신(현 공공운수노조연맹 광주전남본부장, 2013년)

안재원(현 금속노조정책연구원 연구위원, 2013년)

양규헌(전 전노협 위원장, 2012년)

양선배(전 금속노조대전충남지부 지회장, 2010년)

이성재(전 대우자동차 노조위원장, 2012년)

이승원(전 공공운수노조연맹 위원장, 2007년)

이원진(전 금속노조경기금속지역지회 수석부지회장, 2010년)

이정훈(전 민주노총 충북본부장, 2010년)

정용재(현 공공운수노조연맹 전북지역본부 간부, 2013년)

Collier, R. B. and David Collier. 1992. *Shaping the Political Arena*. Princeton University Press.

Heron, B. 1996. "The birth of Socialist labour." *Capital and Class*, 59, pp. 86~104.

Korpi, W. 1983. *The Democratic Class Struggle*. Billing and Sons Ltd.

Moran, J. 1998. "The Dynamics of Class Political and National Economics in Globalisation: The Marginalisation of the unacceptable." *Capital and Class*, 66, pp. 53~76.

Rogers, J. 1995. "How Divided Progressive Might Unite." *New Left Review*, 36(210), pp. 61~87.

Therborn, G. 1983. "Why Some Classes Are More Successful than Others." *New Left Review*, 24(138), pp. 42~59.

Valenzuela, J. S. 1989. "Labor Movement in Transition to Democracy: A Framework for Analysis." *Comparative Politics*, 21(4), pp. 1024~1058.

제 3 장

대기업 농업생산 진출 비판

장상환 | 경상대학교 경제학과

1. 머리말[1]

동부그룹의 농업 부문 계열사인 동부팜한농이 2012년 12월 28일 경기도 화성시 화웅방조제 인근에서 첨단 유리온실 준공식을 열었다. 첨단 유리온실, 농산물 산지유통센터(Agricultural Products Processing Center: APC), 육묘장 등 총 15ha 규모의 설비였다. 10.5ha 규모의 첨단 유리온실은 아시아 최대 규모였다. 총사업비는 467억 원으로 부지조성, 연약지반 강화 등 기반공사에 FTA 기금 87억 원이 투입되었다. 첨단 유리온실 등 본 공사에는 동부팜한농 자회사인 동부팜화웅이 380억 원을 투자했다. 동부팜화웅은 지난 2010년 7월, 첨단 유리온실 시범사업의 최종사업자로 선정되어 농림수산식품부, 한국농어촌공사, 화성시와 협약을 체결했다. 이후 간척지 기반공

---

[1] 이 장의 초고는 한국농정 주관 긴급토론회 '대기업 농업진출, 藥인가 毒인가?'(2013.4.1), 경상대학교 사회과학연구원 학술대회 '대안사회경제를 위한 지평의 확장'(2013.4.22), 한국경제발전학회·한국사회경제학회·한국비교경제학회 공동학술대회 '발전, 체제, 정치경제학의 최근 동향과 한국 사회'(2013.11.22)에서 발표되었다.

사와 첨단 유리온실 등 관련 시설공사를 진행해 2년여 만에 대규모 농식품 수출전문단지 조성을 완료했다. 2013년 1분기에 수확하게 될 토마토는 주로 일본으로 수출할 예정이며, 향후 중국·러시아·홍콩 등으로 수출시장을 다변화한다는 전략을 수립했다.

그러나 농민들은 격렬하게 반발하고 나섰다. 한국토마토대표조직과 한국토마토수출자조회는 2013년 1월 21일 대기업의 농업생산 진출을 반대한다는 내용의 성명서를 발표했고, 2월 5일에는 정부 세종청사 농림수산식품부 앞에서 규탄집회를 열었다. 한국농업경영인중앙연합회도 1월 28일 성명서를 통해, 대기업의 농업생산 진출은 경제민주화에 역행하는 처사라고 비난했다. 농업인들은 대기업의 농업생산 진출에 대한 비판과 함께 동부그룹의 제품 불매운동을 전국적으로 확산시켜 나갔다.

이에 동부그룹 측은 유리온실 사업이 대기업의 '골목상권 침해'와 다르다면서, 농민들과 협력체계를 갖고 토마토 대량 수출의 상생 모델을 갖추겠다고 강조했다. 동부팜한농은 3월 20일, "자사가 만든 첨단 유리온실 단지를 활용해 일반 농민들과 토마토를 공동으로 생산하겠다"라고 하면서 "사외이사로 농협과 농민단체 회원을 선임해 경영에 참여할 수 있는 기회를 줄 것"이라고 밝혔다. 그러나 농민들은 계속 동부그룹의 사업 철수를 요구했다.

급기야 동부그룹은 아픈 곳을 찔렀다. 시설원예 농가들이 동부팜한농 농자재 제품 불매운동을 벌이는 등 압박이 커지자, 일부 농협 매장이 동부팜한농의 농자재 판매를 중단한 것이다. 판매 중단과 불매운동이 본격적으로 진행되면 동부팜한농은 비료·농약·농자재 등의 주력 사업에서 수백억 원의 매출 손실을 보게 된다. 유리온실에서 계획하고 있는 연간 100억 원의 매출보다 더 큰 손실이 예상되자 결국 동부그룹은 3월 26일 유리온실 사업 포기를 선언했다. 이 사업이 철회되면서, 2015년 전라북도 새만금에 착공할 예정이었던 75만m²(약 20만 평) 규모의 유리온실 단지 사업도 불투명해졌다.

동부팜한농이 화성 간척지의 유리온실 사업을 포기한 뒤 대기업의 농업 생산 진출 문제가 농정의 핵심 논란 가운데 하나로 떠올랐다. 농협경제연구소는 2013년 4월 2일 대기업의 사육 부문 참여를 제한하는 축산법 제27조를 부활시켜야 한다는 보고서를 발표했다. 윤명희 새누리당 의원은 4월 19일 재벌 대기업의 농어업 진출을 규제하기 위해 농어업생산자단체가 아닌 자는 농어업회사법인 총출자액의 49% 범위 내에서만 출자할 수 있도록 제한하는 '농어업경영체 육성 및 지원에 관한 법률 일부개정법률안'을 대표 발의했다. 그러나 정부는 대기업 농업 진출 촉진정책을 전환하는 것에 대해 주저했다. 이동필 농림축산식품부 장관은 4월 1일 기자간담회에서 동부그룹의 농업 진출 포기를 아쉬워하면서 "가족농업주의가 지켜지는 범위 안에서 비농업 분야의 경영기술이나 자본을 받아들여 농업의 효용을 높여야 할 것"이라고 말했다.

동부팜한농이 화옹 간척지 유리온실 사업에서 철수하기로 발표한 후 유리온실의 처리는 난항을 겪었다. 2013년 6월 화성영농조합법인과 화성 관내 농협 등으로 구성된 '화성그린팜'이 동부팜한농과 양해각서를 체결하고 인수협상을 벌였지만 지분율과 가격에 대한 입장 차이를 좁히지 못해 매각이 성사되지 못했다. 화성그린팜은 동부팜한농이 49%의 지분을 보유한 상태에서 자신들과 유리온실을 공동으로 경영할 것을 요구했다. 유리온실 지분 100%를 인수하려면 약 510억 원이 필요한데 그런 거금을 마련하는 것이 불가능하다는 이유였다. 그러나 전국 단위 농민단체들은 동부그룹의 완전 철수를 요구하고 있었고, 동부팜한농도 농민들의 반발로 사업에서 철수하기로 한 이상 100% 지분 매각을 통한 투자자금 회수를 요구했다. 국비 포함 500억 원 이상이 투입된 국책사업이 표류하고 있는데도 정부와 지자체, 농어촌공사는 책임 있는 자세를 보이지 않았다.[2] 결국 동부팜한농은 2015년 8월, 투자한 자금의 절반 수준인 200억 원에 농업회사법인 우일팜에 유리온실을 넘기기로 했다.

동부팜화옹 유리온실 사업은 대기업의 농업 진출의 한 사례이다. 대기업의 농업 진출에 대해서는 신중해야 한다는 입장이 지배적이다. 성진근은 처음에는 기업농 농업 진출에 대해 적극적으로 찬성했으나(성진근 외, 2009), 최근에는 신중해야 한다는 입장을 보이고 있다(성진근, 2012). 서상택은 기업농 육성정책을 신중하게 추진할 것을 주문했다. "현 정부에서 기존 농정 체계에서 전략의 틀을 깨고 시장경쟁을 가속화하는 데에는 한국농업의 미래를 위한 분명한 청사진이 있을 것이다. 혁신과 창의성, 도전정신이 가미된 기업적 경영을 통해 우리 농업의 미래를 준비시키려는 것이다. 기대도 크지만 그만큼 위험성도 크다. 그것이 많은 위험을 내포한 것이라면 조심스럽게 추진해야 할 필요가 있다." 그리고 그 대안으로 "개별 농가를 조직화하려는 노력이 더욱 활성화될 필요가 있다. 개별 농가의 의사결정체계를 존중하면서 조직화를 통해 거래교섭력이나 품질 및 서비스 경쟁력을 확보해 나가는 것이다. …… 기업가 정신을 가진 경영자를 많이 양성하되, 다수의 소규모 농가들을 조직화할 수 있는 정책적 중심이 필요하다"라고 말했다(서상택, 2009).

서상택은 동부팜화옹 유리온실 사업에 대해서는 다음과 같은 의견을 피력했다. "국내 기업과 경합하거나 국내 기업이 내수시장을 잠식하는 일이

---

[2] 농림축산식품부는 동부그룹과 화성시 농민단체들이 알아서 할 일이라며 물러나 있다. 시행사인 농어촌공사는 동부팜한농과 3년 동안 임대계약을 했기 때문에 그동안은 동부그룹이 책임져야 하며 화옹 유리온실 매각은 당사자들끼리 해결할 문제라고 하고 있다. 화성시도 시에서 예산을 지원한 사업도 아니고 농림축산식품부가 결정권을 쥐고 있으니 시가 관여할 문제가 아니라는 입장이다.

없도록 해야 한다. 국내 기업은 국가의 지원을 받아 기반시설을 갖춘 만큼, 즉 해당 기업이 건립을 했다고 하더라도 부지조성, 도로, 진입로, 전기, 오폐수 등 많은 부분이 국민의 세금을 업고 있기 때문에 국내 농민과의 마찰을 피하는 쪽으로 경영 방침을 정하고 세계시장을 공략해야 할 것이다. 서로 양보하고 상생하는 방안을 모색하는 것이 중요하다. 정부도 유리온실을 지원했던 이유가 있다. 첨단 유리온실이 당초의 취지대로 소농경영의 한계를 극복하고 세계시장을 주름잡는 원예산업을 주도할 수 있도록 적극 지원해야 할 것이다. 그러나 그로 인해 농가들이 피해를 입는, 즉 정부의 지원을 통해 농가들이 사라져가는 일이 없도록 조율을 해야 할 것이다."3)

이 글에서는 이명박정부가 추진해온 일부 농외자본의 농업 진출, 즉 대기업의 농업생산 진출이 현실성이 없음을 밝히려 한다. 제2절에서는 정부가 추진하는 기업농 지원정책과 동부팜한농의 간척지 유리온실 건설 과정을 살펴본다. 제3절에서는 농업자본주의 발전의 동학과 관련한 논쟁을 검토하면서, 농업생산의 특수성으로 말미암아 자본주의적 농업이 발전하기 어려운 이유와 한국에서 가족농이 지배적인 이유를 분석한다. 또한, 유리온실 경영의 경제성을 평가하고 대기업 농업생산 진출의 부작용을 검토한다. 제4절에서는 현실에서도 가족농 또는 기업가적 가족농이 농업생산의 절대적인 부분을 차지하고 있음을 밝힌다. 먼저 미국·네덜란드·오스트레일리아 등의 사례를 간단하게 제시한 후, 한국에서 진행되어온 법인체 경영의 성격을 확인하고 농외자본의 농업생산 진출 사례가 희소함을 확인할 것이다.

---

3) 해당 내용은 필자의 질문에 대한 서상택 교수의 답변(2013.3.20)이다.

2. 정부의 기업농 지원정책과 동부팜한농의 유리온실 건설

1) 기업농 지원정책의 추진과정

2009년 이명박정부가 농업경쟁력을 높이기 위해 농정 패러다임을 개별 농가 → 기업형 주업농, 비농업계의 자본투자 제한 → 민간투자 활성화, 농업보호·특별지원 → 경쟁·시장중심 등으로 전환하면서 대기업의 농업 진출이 본격적으로 이루어졌다. 새만금과 영산강 등 대규모 간척으로 수백만 평의 농토가 새로 조성된 상황에서 대기업 자본의 참여가 불가피하다는 이유였다.

대기업의 농업 진출 역사를 보면, 현대차그룹은 지난 1986년부터 시험영농을 시작했고 현재는 친환경 쌀을 주력으로 생산하는 '현대서산농장'이라는 영농법인을 소유하고 있다. 현대서산농장은 서산 간척 농지 1만 121ha에서 연간 33만 석의 쌀을 생산했다. 서산 간척지는 지난 1979년 매립 허가를 받은 뒤, 1984년 물막이 공사를 끝내고 1999년 매립이 완료되었다. 이중 2/3는 현대건설이 유동성 위기를 맞았을 때 민간에 매각하고 지금은 1/3만 소유하고 있다.

이명박정부는 점차 대기업의 농업 진출을 허용하는 방향으로 움직여갔다. 2009년 1월 29일에는 2012년까지 20만 개의 기업적 주농업과 1만 개의 법인형 경영체를 육성하며 경쟁력을 강화하고, 농림수산 수출액을 44억 달러에서 100억 달러로 늘리겠다고 했다. 그것의 실현 방안 중 한 가지가 농업회사법인의 민간자본제한 폐지였다. 대기업과 외국자본까지 농업에 끌어들이겠다는 것이었다. 당시 정부는 대기업의 축산업과 양식업 진출도 허용하겠다고 했다. 2009년 4월 3일 농림수산식품부는 전북 새만금 간척지 개발의 우선협상 대상자로 동부그룹의 계열사인 동부하이텍 컨소시엄 등 일곱 곳을 선정했다.

2009년 농림수산식품부는 경제위기를 조기에 극복하기 위해 범정부적으로 추진하는 '한시적 규제유예' 대책에 적극 동참하는 차원에서 농수산식품 산업의 활성화와 경쟁력 제고를 뒷받침하는 것에 적합한 12개 과제를 발굴해 한시적으로 2년간 규제유예를 추진하기로 했다. 기존 상법상의 회사법인 중 농업사업 및 농업 관련 사업에 종사하는 법인에 한해 일정 기준을 갖출 경우, 농업회사법인으로 간주함으로써 농업회사법인의 대형화를 촉진하도록 한 것이다. 또 농업회사법인 농지소유 요건을 획득하는 자격의 범위를 '농업인이 집행임원의 1/3 이상'일 경우에서 '농업 부문 매출이 총매출의 일정 비율 이상'일 경우도 허용하도록 확대했다. 이와 같은 내용은 2009년 5월 27일 수요일 오전, 관계 장관과 규제개혁위원이 참석한 가운데 국무총리 주재로 열린 '한시적 규제유예' 합동회의에서 최종 확정되었다.

(1) 농어업선진화위원회 활동

농업선진화위원회 활동이 기업농 지원정책을 가속했다. 2009년 3월 이명박정부는 농업의 경쟁력 강화를 위해 민관 합동의 '농어업선진화위원회'를 발족했는데, 위원회는 3대 핵심과제로 '농업의 경쟁력 확보', '농촌에서의 삶의 질 보장', '농어업인의 소득 보장' 등을 선정했다. 이를 위해 농업 구조도 해외선진농업국처럼, 농업생산의 주체를 기업형·주업농 중심으로 바꾸겠다는 것을 위원회의 1차적인 목표로 삼았다. 위원회는 거대자본을 가진 대기업을 농축산업에 참여시켜 대규모 농업회사 육성을 추진했다.

이를 위해 농어업선진화위원회는 농업보조금 개편 작업에 나섰다. 기업농·주업농을 육성하고, 경쟁력이 떨어지는 개별 농가에 대한 정부 지원은 줄이겠다는 것이 위원회의 방침이었다. 실제로, 그다음 해부터 화학비료에 대한 보조금도 폐지하고 맞춤형 비료지원제도를 도입하겠다고 발표해 농민단체들의 큰 반발을 샀다. 제4차 본위원회(2009.7.27)에서 의결된 농업보조금 개편원칙은 다음과 같았다.

> 보조금 총액은 현 수준으로 유지하되 개별 시설 보조는 공동이용시설 보조로, 투입재 보조는 친환경 지원으로 각각 전환한다. 구체적 개편 방안은 정부와 농민단체 및 소비자가 참여하는 협의기구에서 논의한다.[4]

그러나 이런 정책은 농산물의 생산·유통·가공 분야가 모두 대기업 체제로 운영되어, 결국 농업인 대부분이 '농업근로자'로 전락할지 모른다는 우려를 낳았다. 가족농 위주의 생계형 농업 구조를 보이고 있는 한국의 현실에서는 기업형 중심의 농업 구조는 시기상조라는 의견이 지배적이었다. 또 정부가 추진한 농어업선진화방안의 '선진화'는 곧 '경쟁력 강화'라는 논리만으로 농업 문제에 접근하려는 경향을 보여, 많은 농민단체에 실망감을 안겨줬다. 농

---

4) '농어업선진화위원회 합의 발표문(2009.7.27)'의 내용은 다음과 같다. ① 9개 직불제를 '공익형 직불제'와 '경영안정형 직불제'로 체계화 및 단순화한다. ② 농어촌 주민의 삶의 질 향상을 위해 생활과 밀접한 분야의 공공서비스 목표를 제시한 '농어촌 서비스 기준'을 도입한다. ③ 농업보조금 총액은 현 수준을 유지하며 공공성이 높은 사업 중심으로 개편한다. ④ 농어업을 친환경녹색성장 산업으로 육성한다. 이를 위해 화학비료·농약·항생제를 축소해나간다. ⑤ 식량안보와 식품안전 목표를 설정한다. 주요 품목별 식량자급률 목표치를 설정·관리한다. ⑥ 정부는 품목별 대표조직이 권한과 책임을 갖고 생산과 수급조절, 마케팅 등을 자율적으로 수행할 수 있도록 지원한다. ⑦ 쌀 관세화 조기이행 여부를 논의하기 위해 위원회 내에 분과위원회를 설치하고 국민적 합의를 도출한다. ⑧ 농민단체의 의견을 지속적으로 수렴·반영하기 위해 농정협의체 설립 방안을 계속 논의한다. ⑨ 위원회는 앞으로 농어업 금융체계 개편, 부채 방안, 연구개발(R&D) 효율화 등 주요 과제를 계속 논의한다.

민단체들은 농업인의 의견을 듣지 않고 정부 주도로 일방적으로 운영되는 선진화위원회에 반대의사를 표시하며 위원회를 떠나기도 했다.

(2) 국내 언론사의 홍보와 '아그리젠토 코리아'

이런 기업농 육성정책을 추진하는 것에 ≪매일경제≫도 큰 역할을 했다.[5] ≪매일경제≫는 2010년 3월 제기한 '아그리젠토 코리아' 캠페인에서 한국농업에 '5대 성역'이 존재한다고 지적했다. 쌀에 과중하게 편중된 생산구조, 정치적으로 운영되어온 '나눠 먹기식' 보조금 제도, 헌법에만 존재하는 경자유전 원칙, 개혁을 거부하는 농업관계기관, 의존적 농민의식 등이 그것들이다.

이런 지적과 함께, 정부가 1992년부터 1998년까지 우르과이라운드(UR) 타결에 대응하는 것을 목표로 농업 경쟁력 향상 및 농업 생산기반 확충을 위해 36조 2000억 원, 1999년부터 2003년까지 외환위기에 대응하는 것을 목표로 농가경영 안정 및 농축산물 유통 효율화를 위해 32조 6000억 원, 2004년부터 2008년까지 자유무역협정 등 개방 확대에 대비하는 것을 목표로 농촌지역 개발 및 경영소득 안정을 위해 49조 6000억 원을 농촌에 쏟아 부었다는 점을 언급했다. 정부에 대한 의존이 심해지면서 농업의 자생력이 약해지고, 예산과 기금이 비효율적으로 집행 및 관리되었으며, 농촌에 대한 민간자본 참여를 밀어내는 부작용을 초래했다는 것이다. 또한 경자유전을 맹신한 결과 불법 임대차[6]가 만연하게 되었고 농지거래가 부진해졌으며, 규모의 경제가 실패하고 국토가 비효율적으로 활용되었다고 비판했다.

---

5) 매경출판주식회사는 지난 2010년 『아그리젠토 코리아: 첨단농업 부국의 길』을 출간했다.

6) 2008년 말 농촌경제연구원이 1996년 1월 이후 취득된 농지를 대상으로 실태조사를 한 결과, 수도권 A 지역은 56.7%, 호남평야 B 지역은 47.9%, 영남 산간 C 지역은 41.8%가 비합법적 임대차 관계였음을 밝혀냈다.

≪매일경제≫는 이에 대한 해결책으로, 강력한 농업협동조합과 종자산업, 와이닝겐대학(Wageningen University & Research Center) 등을 보유하고 있는 네덜란드에서 배우자고 주장했다. 그러면서 한국농업에 희망의 싹을 트게 하는 방안으로, 연소득 1억 원 이상을 버는 1만 명 이상의 농민을 확보하는 것, 파프리카와 컬러 선인장을 수출 품목으로 개발하는 것, 충주의 유기농 쌀 채소와 충청북도·경기도 농협의 '햇사레 복숭아' 브랜드 등을 국내 시장용으로 개발하는 것 등을 열거했다. 그리고 시화특구(1만 933ha), 새만금특구(9395ha), 영산강특구(1만 66ha) 등 서해안 간척지 약 3만ha를 농산업특구로 만들어 첨단 수출농업의 전진기지로 삼아야 한다고 제안했다. 세계 2위 농산물 수출국인 네덜란드의 주요 소득원인 유리온실의 면적이 약 9600ha이니, 3만ha 정도면 첨단 수출농업 기지가 들어서기에 충분하다는 것이었다.

또 "국내외 농업자본과 기술을 유치해 아시아 최고의 농산업 벨트로 만들어야 한다. 특구 안의 첨단시설은 전량 수출을 대원칙으로 삼아, 농축수산물 100억 달러 수출 목표를 달성하는 교두보로 삼아야 한다"라고 말하면서, 농촌진흥청과 서울대 농생대 통합, 식품안전청 설립, 쌀 변동직불금제 폐지 등의 방안을 제시했다. 그리고 경자유전의 원칙을 폐지하고 경자용전의 원칙을 지향함으로써, 농지임대차를 전면 합법화해 농지이용의 규모화를 달성해야 한다고 주장했다. 이와 함께 임차농 경영 안정, 농협조합장 직선제 폐지 등 파격적인 정책방향을 제시했으며, 종자메이저 만들기, 수출 1조 원 식품 기업 10개 육성, 해외농업개발공사 설립(해외농업개발) 등을 그 과제로 제시했다.

≪매일경제≫는 동부팜화옹이 유리온실 사업 포기를 선언한 뒤인 2013년 3월 29일 사설에서도 "동부 유리온실 단지는 '아그리젠토 코리아' 일환

이었다. 국내 시설원예 사업을 세계 수준으로 끌어올리고 국내 농업을 '미래형 6차 수출산업'으로 육성하겠다는 비전이 출발하기도 전에 좌초한 것이다"라고 하면서 동부팜한농의 유리온실 좌초 책임을 농민단체의 반발로 돌렸다.

2) 동부팜한농의 유리온실 사업 진출과정

동부그룹은 이미 2009년부터 농업생산에 눈독을 들이고 있었다. 2009년에 동부팜한농은 화옹 간척지 첨단 유리온실 시범사업자에서 한차례 탈락했다. 그러나 동부팜한농은 2010년 4월에 2009년 당시 최종 사업자에 선정된 세이프슈어를 자회사로 둔 세실을 인수하면서 첨단 유리온실의 시범사업자로 다시 등장했다. 참고로 세이프슈어는 2009년 5월 25일 설립된 회사로서, 2010년 7월 농림수산식품부, 농어촌공사, 경기도 화성시 등과 '첨단 유리온실 시범사업 협약'을 맺고 사업자로 선정되면서 당초 '투자자금 운영계획서'와 '첨단 유리온실 시범사업 공모신청서'에 제시한 총출자액 442억 원 중 100억 원(세실 50억 원, 이원규 회장 30억 원, 직원투자 20억 원)을 겨우 조성했다. 자본금도 없고 설립한 지 1년도 되지 않은 회사가 총 사업비 569억 원이 투여될 대규모 국가 프로젝트를 수주했던 것이다.

이런 세이프슈어를 인수한 동부팜한농은 2011년 12월 토지임대차 계약 체결 후 약 400억 원을 투입해 유리온실 공사에 착수했다. 동부팜한농 자회사 동부팜화옹은 경기도 화성시 화옹지구 간척지 15ha에 FTA 지원기금 87억 원과 지방비 등 100억 원을 포함해 총 569억 원을 들여 유리온실을 조성했다. 유리온실은 10.5ha 규모로서 아시아 최대 규모였다. 동부팜화옹은 이곳에서 토마토와 파프리카 등을 생산해 2013년 3월 중순부터 출하할 예정이었다. 정부는 토마토 중 90% 이상을 해외에 수출해야 한다는 조건을 동부팜한농이 수락하자, 연약지반을 다질 수 있도록 지원금 87억 원을 동부팜한농에 지급했다. 한국농어촌공사는 이곳 터를 동부팜화옹에 30년간 장기 임대해줬다. 임대료는 평당 1450원이었다. 동부팜한농은 화옹에 이어 전북 새만금 간척지에도 첨단 유리온실 등 총 333ha 규모의 대규모 복합영 농단지를 조성할 계획을 세웠다. 동부그룹의 또 다른 계열사인 동부팜슨은 2013년 충청남도 논산의 유리온실 4.95ha에서 토마토 1000톤가량을 출하할 계획이었다.

3. 가족농 존속: 이론적 분석

정부의 대기업 농업 진출허용 정책들은 성과를 거두기는 어렵고 갖가지 부작용만 초래할 가능성이 높다. 농외자본의 농축산업 진출을 주장하는 정부의 정책과 재벌 대기업의 요구는 '규모의 경제' 논리를 바탕에 깔고 있다. '효율적인 농업생산, 수출농산물 증산을 위해서는 경영의 규모를 늘려야 하는데 농가로서는 한계가 있으며, 대규모 투자를 감당할 수 있는 농외자본이 농업으로 들어와야 문제를 해결할 수 있다'는 것이다. 과연 그러한가.

1) 자본주의적 농업의 제약 요인

일부 논자들은 전문화·표준화·집중화가 농업의 산업화에서 핵심적 과정으로 정착하면서, 농업생산 역시 공장생산과 동일한 성격을 갖게 되었다고 주장한다. 규모의 경제가 작동해 덜 자본화된 생산자를 구축할 것이고, 농업생산은 결국 소규모의 농업자본가들 손에 장악될 것이라고 이야기한다. 대규모 기업농장의 성장은 축산물 생산에서 농업변화의 중요한 측면을 보여주는 것이라고 말한다. 그러나 마르크스주의자들이 주장하는 자본주의적 축적 논리, 자본의 집중과 집적 논리, 자영업자의 양극 분해 논리에도 불구하고 농업 부문에서는 이런 법칙이 잘 관철되지 않고 있다. 가족농은 해체되지 않고 끈질기게 존속해왔다. 그 이유는 무엇인가.

그 이유는 공장식 농업과 제조업이 완전히 다르기 때문이며, 따라서 공장식 농업과 제조업을 경솔하게 등치하는 것은 옳지 않다. 왜냐하면 이런 등치가 식품시스템의 특수성과 그런 특수성이 농업생산자들이 가치를 생산하는 능력과 깊이 관계하고 있음을 설명하지 못하기 때문이다(Fine, 1994; Fine, Heasman and Wright, 1996). 농업생산은 공업과 달리, 자본이 직접 뛰어드는 것에 여러 가지 장애가 있다(Chayanov, 1966; Mann and Dickinson, 1978; Kautsky, 1899; Guthman, 2004; Bernstein, 2010; Claus and Van Huylenbroeck, 2010).

(1) 생물학적 과정의 위험과 불확실성

농업은 자연적·생물학적 과정에 많이 의존한다. 농업생산은 기후·곤충·질병·부패 등의 환경과 생태적 과정에 따르는 위험과 불확실성에 취약하다. 가뭄과 홍수·장마·냉해·병충해 등 기후와 생태에 따른 위험 부담이 크다. 동식물은 성장할 때까지 시간이 오래 걸리고 계절의 변화에 따라 성장이 촉진되기도 저해되기도 한다. 생산의 전 과정을 통제하거나 가속시키는 데 물리적 한계가 있다(Chayanov 1966; Kautsky 1899; Guthman, 2004: 63).

(2) 노동시간과 생산기간의 불일치

수전 A. 만(Susan A. Mann)과 제임스 M. 디킨슨(James M. Dickinson)은 자본주의농업의 발전에 대해서 마르크스가 말한 생산기간과 노동시간의 구별이 가지는 의미를 논했다. 농업 분야에서는 생산기간이 노동시간(경운정지, 파종, 제초, 수확 등)보다 길다. 생산기간은 식물과 가축의 자연적 성장 리듬을 따라야 하기 때문이다. 그들은 노동시간과 생산기간의 불일치가 불변자본과 가변자본의 효율적 이용, 유통과 실현 과정의 원활한 작동을 저해함으로써 결국 이윤율을 낮추는 작용을 한다고 주장한다. 또 가족농이 존속하는 이유는 자기착취를 할 수 있는 가족노동의 능력이나 기술에 있는 것이 아니라, 이런 변칙이 나타나는 비밀은 자본주의의 논리와 본질 그 자체에 있는 것이라 주장했다(Mann and Dickinson, 1978).

(3) 가족노동의 신축성

가족농은 자신의 순수익을 생산확대와 가족소비 또는 생산요소에 대한 투자로 나눠 활용하는데, 이런 투자는 다른 경영주체들에 비해 더 신축적이므로 이윤 획득에 초점을 둔 산업적 형태의 농장과 성공적으로 경쟁할 수 있다. 기업농이 이윤이 실현되지 않으면 쉽게 몰락하는 것에 비해, 가족농은 상황이 어려울 때 더 잘 견딜 수 있다. 주로 가족들에 의해 노동력이 공급되는 것이 가족농의 특징이기 때문이다. 가족농은 농장을 현대화할 때도 가족노동이 아닌 고용노동을 우선적으로 기계로 대체함으로써 힘을 키워왔다.

가족노동은 매우 신축적이어서 변화하는 환경에 적응할 때 유리하다. 그래서 가족농은 평소엔 가족구성원의 노동력을 이용하다가, 고용노동의 임금이 낮아지면 고용 노동력을 이용한다. 1880년과 1895년, 실제로 벨기에에서는 농업노동 중 임금노동의 비중이 40%대에 이르렀다. 그러나 그 후 기계화가 진전되고 임금이 높아지자 고용노동 비중은 낮아지기 시작했고, 가족노동의 비중이 높아졌다(Claus and Van Huylenbroeck, 2010: 644~645).

(4) 고용노동에 드는 과다한 비용

가족농의 경우 거래비용이 절감된다. 거래비용은 소유권을 경제적 자산으로 전환하고 자산을 가동하는 데 소요되는 비용을 말한다. 여기에는 계약을 모니터하고 실행하기 위해 소요되는 비용도 포함된다. 첫째, 농업생산은 작물별·지역별로 재배기술의 특수성이 있다. 농가의 가족 구성원은 성장 과정에서 농업생산에 필요한 지식과 경험을 충분히 교육받은 장점이 있다. 둘째, 농업노동력은 한 장소에 집결시키거나 쉽게 감독하기 어렵다는 기술적 특징이 있다. 즉, 작업과 성과를 연결시키기 어렵다. 연결하려면 과다한 비용이 든다. 이 때문에 농장에서는 고용노동보다 가족농의 가족노동이 더 유리하다(Bernstein, 2010: 91). 로버트 A. 폴락(Robert A. Pollak)의 말에 의하면 가족농은 고용노동력을 감시하고 감독하는 어려움에 대한 최적의 해결책이다. 농장 규모가 커지고 고용노동력이 많아질수록 거래비용이 증가하는 것이다(Pollak, 1985). 셋째, 농업생산에서는 노동계약이 더 어렵다. 노력은 관찰하기 어렵고 결과는 노력과 바로 직결되지 않고 그 후의 단계에 나타나게 된다.

이처럼 가족농은 기업농이 고용노동을 위해 지출하는 통제와 감시의 비용을 지출하지 않아도 되기 때문에 산업화한 농업의 압력을 견뎌낼 수 있었던 것이다(Claus and Van Huylenbroeck, 2010: 647~649). 노력과 성과 간의 연결을 통한 효율성 증대에 실패하면서, 중국과 구소련이 결국 집단농장과 협동농장을 해체하고 농가별 책임경영 체제로 전환한 것은 바로 이 때문이었다. 자본주의적 대기업 농업생산 경영도 이와 동일한 문제를 안고 있는 것이다.

(5) 규모의 경제 작용의 한계

농업에서는 규모의 경제가 작용하는 데 한계가 있다. 규모의 경제 논리는 규모의 경제가 투입자본재의 증가와 연결되어 있다고 주장하지만, 농장 구역이 증가함으로써 일정한 비경제적 요소가 나타나기도 한다. 기술진보와 연관된 소득 증가가 제한적이거나 존재하지 않는 경우가 있다. 이른바 윌러드 코크레인(Willard Cochrane)의 '트레드밀 효과'다(Cochrane, 1958). 즉, 신기술의 도입 때 이를 도입한 최초의 몇 농부는 생산비를 낮춰서 이득을 볼 수 있다. 그러나 다른 농부들이 이를 잇달아 채택하면서 생산량은 늘어나고 가격은 떨어진다. 평균적인 농부들은 살아남기 위해 어쩔 수 없이 기술을 받아들이지만, 이로써 곧 이윤이 늘어나는 것은 아니다(Claus and Van Huylenbroeck, 2010: 646).

미국 미네소타대학 윌리스 피터슨(Willis Peterson) 교수는 1997년 자신의 분석을 통해, 미국에서 정부가 농가 간 규모의 경제를 측정하는 과정에서 투입물과 산출물을 정확하게 평가하지 않는 문제가 있다고 지적했다. 첫째, 통계를 낼 때 농가 주택을 자산에 포함하는데 이것은 소규모 농가의 생산적 자산을 과대평가하고 결국 자산에 대한 생산의 효율을 저평가하는 결과를 가져온다. 둘째, 규모가 큰 농가의 단위 면적당 생산량은 소규모 농가보다 큰데 이는 옥수수 생산의 경우 대규모 농가의 농지가 더 비옥하기 때문일 수 있다. 셋째, 소규모 농가에서 많이 보이고 있는 농외 취업은 농업 경영 노력을 덜하게 하는데 이는 면적당 수확량의 감소를 초래하지만 농가의 전체 소득 증가에는 기여한다. 이런 점들을 고려해 장기 평균 총비용을 추정한 결과, 소규모 가족농과 파트타임 농가의 생산력도 대규모 상업농장의 생산력에 못지않게 효율적이었다(Peterson, 1991; 1997).

농업생산에는 규모의 경제가 작용하기는 하지만, 그 범위가 있다. 가족경영으로 생산과 노동 과정을 통제할 수 있는 일정 범위를 초과하면 규모의 비경제가 작동된다.

(6) 원료 농산물의 고부가가치화 곤란

농산물은 사람이 먹는 먹거리다. 따라서 소득이 증가하거나 가격이 하락해도 수요가 상응해서 늘어나지 않는다. 식품은 생존에 필수적이지만 식품 소비 취향은 각 지역의 문화적 다양성을 반영한다. 따라서 자본만으로는 획일적인 대량 생산이 어렵고, 좀 더 고급한 생산물을 대량으로 생산할 수도 없다. 독점 생산에 따른 초과이윤 확보가 어려운 것이다. 특히, 200억 달러에 달하는 외국농산물 수입으로 좁아진 국내 농산물시장의 과일·채소·축산 등은 모두 과잉생산과 가격 폭락에 시달리고 있다. 이익까지도 바라지 않는 농민들도 나가떨어지는데 기업의 이윤추구가 가능하겠는가.

(7) 농지 확보와 지대의 부담

공업의 경우 토지는 부지 제공이라는 수동적 역할에 그치지만, 농업생산에서는 토지가 절대적으로 중요한 생산수단이다. 토지를 확보하기 위해서는 구입하거나 지대를 지불해야 하는데, 이에 따른 부담이 크다(Fine, 1979; Kautsky, 1899; Mann, 1990). 농지 확보에 소요되는 비용은 농업 수익성에 비해 과다하다. 논 한 마지기 가격이 1000만 원이나 하는데 쌀을 재배해 30만~40만 원 정도의 소득만 올릴 수 있다면, 어떻게 자본가가 토지를 구입해 쌀농사를 하려고 하겠는가. 지대 부담이 이윤으로부터의 공제로 작용하기 때문에,

자본은 가족농이 이 비용을 떠안게끔 유도한다(Djurfeldt, 1981). 또 가족농은 농산물의 실현(판매)이 지연될 위험도 부담해야 한다(Bernstein, 2010: 91).

이런 농업의 특수성 때문에 농업에서 기술혁신은 집약화(Intensification), 가치이전(수탈, Appropriation), 고부가가치화(Valorization)의 형태를 띤다고 할 수 있다(Guthman, 2004: 64). 집약화는 비료(토양에 작용), 다수확품종(품종에 작용), 제초제(잡초에 작용), 살충제(해충에 작용), 관개나 온실(기후에 작용), 성장촉진제(동물의 성장리듬에 작용) 등을 사용해 생물학적 과정을 가속하고 생산 과정의 위험을 감소하는 것이다(Bernstein, 2010: 91). 이에 따라 자본은 농업을 둘러싼 전후방 산업, 즉 농자재 생산, 농산물 가공, 농산물 마케팅 분야에서 독점적 지배력으로 농민과 소비자에게 비용을 부과해 높은 이윤을 올리려 한다.

가치이전, 즉 수탈은 농민들로 하여금 구입 자재(종자, 트랙터, 비료 등)와 농산물 유통자본에 의존하게 만든다. 그 결과 농민이 누릴 부가가치는 자본으로 이전된다(Mooney, 1982; Fine, 1994). 이런 종류의 수탈의 극단적 형태가 계약영농이다. 농부는 생산수단을 소유하고 있지만 본질적으로는 수탈을 당하는 노동자, 즉 자신의 땅에 고용된 손이 되는 것이다(Guthman, 2004: 65~66).

결국 자본은 제약과 위험이 따르는 농업생산에 직접 뛰어드는 것은 회피하고, 농자재 생산과 농산물 가공 판매 등을 통해 이윤을 올리는 방법으로 농업을 지배한다. 동부그룹은 이런 농업의 특수성을 소홀히 생각했다가 된통 쓴맛을 본 것이라고 할 수 있다. 동부그룹의 유리온실 사업 철수로 인해, 이명박정부가 의욕적으로 추진한 기업농을 통한 농업경쟁력 향상정책은 파탄으로 끝나고 말았다. 필연적인 귀결이다. 기본적으로 농업의 본질적 특성을 무시한 정책이었기 때문이다.

2) 유리온실 경영의 경제성 한계

(1) 네덜란드 유리온실 경영의 경제성 한계[7]

네덜란드의 유리온실 면적은 1980년 8755ha였는데, 1999년 1만 562ha 까지 급증하다 이후 시설원예산업의 수익성 악화로 감소해 2007년 현재 1 만 374ha로 줄었다. 부문별로는 화훼가 51%, 채소가 44%, 기타(육묘·과 수)가 5%를 차지하고 있다. 네덜란드의 온실은 대부분 가온(加溫)재배를 하 고 있으며, 최근 천연가스 가격의 상승으로 가온재배 비율이 다소 감소하는 경향을 보이고 있다. 2007년 기준으로 전체 시설원예 농가의 91%가 가온 재배를 하고 있다.

경영체당 유리온실 규모는 1980년 0.56ha에서 2000년에는 0.95ha, 2007년에는 1.4ha로 확대되었다. 0.5ha 미만의 소규모 유리온실을 보유한 경영체의 비율은 1980년 55%에서 2007년 39%로 하락한 반면, 3ha 이상의 대규모 유리온실을 보유한 경영체의 비율은 1980년 1%에서 2007년 12%로 상승했다. 2000년대에 들어와서 3ha 미만의 유리온실을 보유한 경영체의 수는 784호에서 672호로 감소한 반면(2000년), 3ha 이상의 유리온실을 보 유한 경영체는 같은 기간 564호에서 882호로 증가했다.

채소의 주요 작목은 토마토·파프리카·오이 등 세 가지의 작목이 전체 시 설채소 농지 면적의 73%를 차지하고 있고, 품목별 평균 재배면적은 토마토 (3.3ha), 파프리카(3ha), 오이(1.8ha) 순이다. 딸기 재배면적은 0.6ha로 규모 가 작은 편이다. 단위 면적당 생산성은 비교적 높은 편이다. 10a당 토마토 46톤, 오이 70톤, 파프리카 27톤으로 한국의 2~3.7배에 달한다. 1980년대

---

7) 이 부분은 강진구·이철희·이인규(2008)을 참조했다.

수경재배 기술의 발달, 1990년대 정밀한 환경관리 기술의 발달로 단위 면적당 수확량의 획기적인 증가가 이루어졌기 때문이다. 토마토는 10a당 1980년 18톤, 1990년 38톤, 2000년 45.9톤으로 증가했고, 파프리카는 1980년 14톤에서 2000년 25톤으로 증가했다. 오이는 1980년 38톤에서 2000년 62톤으로 증가했다. 하지만 유리온실이 대부분인 네덜란드와 달리, 한국은 원형 파이프 골조에다 비닐 피복의 측고가 낮은 비닐하우스 시설이 주종을 이루기 때문에 단순 비교는 어렵다.

시설원예 경영체당 순수익은 채소와 절화 모두 적자를 기록하고 있다. 2007년 기준으로 채소의 경우 조수입 약 90만 유로에서 생산비(경영비 포함) 약 98만 유로를 뺀 8만 1000유로 정도의 손실을 봤다. 절화류(장미)는 조수입 84만 유로, 생산비 89만 3000유로로 5만 3000유로의 손실을 기록했다. 채소를 재배하는 경영체의 손실 규모는 2001년 6000유로(750만 원)에서 2004년 6만 9000유로(7500만 원)로 해마다 불어났다. 농업 소득을 보면 채소 재배 경영체의 경우 조수입 90만 유로에서 자가노력비와 자가 토지용역비 등을 제외한 경영비 87만 2000유로만을 뺀 소득은 2만 8000유로에 불과하다. 당시 환율이 1유로당 1250~1280원 선이었음을 감안하면, 한화로 3500만 원 정도의 소득이었던 것이다.

분류별 순수익은 한국에서 유사한 품목을 비닐하우스에서 재배할 때보다도 낮다. 한국에서 오이를 비닐하우스에서 재배할 경우 10a당 827만 3000원, 파프리카는 533만 4000원(이상 2006년 기준)을 벌어들이는 반면, 유리온실이 대부분인 네덜란드에선 오히려 155만 1000원이 적자다. 절화류도 마찬가지다. 10a당 301만 2000원 적자로, 한국의 비닐하우스에서 재배하는 것(464만 5000원)에 턱없이 못 미친다. 자세한 내용은 〈표 3-1〉을 참고하라.

2006년 네덜란드의 시설채소 10a당 소득은 한국의 비닐하우스에 비해 낮

<표 3-1> 한국·네덜란드의 시설채소 수익성 비교(2006)

(단위: 천 원/10a)

구분			네덜란드 유리온실	한국 시설채소			
				유리온실		비닐하우스	
				파프리카	토마토	파프리카	오이(촉성)
조수입	조수입		49,024	39,540	33,031	29,843	25,501
	수량(톤)		-	12.9	22.8	9.7	18.8
	가격(원/kg)		-	3,058	1,451	3,057	1,356
생산비	경영비	중간재비 종자비	3,675	2,340	1,322	1,711	919
		비료비	905	2,108	1,580	1,308	998
		농약비	528	901	469	426	300
		광열동력비	11,743	10,781	7,425	6,520	4,214
		제재료비	3,663	3,028	2,395	4,735	2,165
		농기구시설 상각비	6,024	12,854	11,497	4,502	2,001
		수선비	1,618	2,727	2,440	124	78
		기타비용	2,888	2,404	1,381	33	15
		소계	31,044	37,143	28,509	18,910	10,690
	임차료(토지)		34	300	570	114	138
	고용노력비		11,440	6,314	5,387	1,671	636
	지불이자		2,101	3,800	3,399	1,071	245
	소계		44,618	47,557	37,865	21,765	11,709
	자가노력비		4,900	-	-	2,057	5,003
	자기자본용역비		236	-	-	382	175
	토지자본용역비		820	-	-	306	341
	계		50,574	-	-	24,510	17,228

수입	소득	4,405	-8,017	-4,834	8,079	13,792
	순수익	-1,551	-	-	5,334	8,273
	부가가치	17,980	2,397	4,522	10,934	14,811

주: 비용 산출 계산은 한국의 경우 차입자본에 고정자본용역비를, 자기자본에 유동자본용역비
　　를 계상했으며, 유리온실의 경우 정부 지원이 없다는 가정에서 분석했음.
자료: 농촌진흥청(2007), 강진구·이철희·이인규(2008), LEI 홈페이지.

으나, 한국의 유리온실에 비해서는 높다. 조수입은 네덜란드 유리온실, 한국
유리온실, 한국 비닐하우스 순으로 높다. 경영비는 네덜란드와 한국의 유리
온실은 비슷한 수준이고, 한국 비닐하우스는 네덜란드의 1/5~1/4 수준으로
낮다. 네덜란드의 조수입이 많은 이유는 가격은 한국에 비해 낮지만 단위 면
적당 수확량이 2~3.7배로 월등히 높기 때문이다. 경영체당 소득은 네덜란드
유리온실, 한국 비닐하우스, 한국 유리온실 순이다. 네덜란드 유리온실 10a
당 소득은 한국의 비닐하우스에 비해 낮지만, 네덜란드 농가의 경영 규모가
크기 때문이다. 평균 규모는 네덜란드 2.13ha, 한국(비닐하우스) 오이 0.3ha,
파프리카 0.57ha, 한국(유리온실) 토마토 0.77ha, 파프리카 0.93ha 등이다.

　시설 설치비가 상대적으로 저렴하고 양질의 재배기술 확보가 용이한 점
은 네덜란드의 강점으로 꼽힌다. $3.3m^2$당 시공비가 1994년엔 19만4000~30
만 3000원 수준에 불과했고, 물가가 상승한 2007년에도 20만 7000~64만
2000원에 그쳤다. 한국에서 신규 시설을 설치하려면 $3.3m^2$당 100만 원 안
팎의 비용이 필요하다. 또한 네덜란드는 자가 노동력 위주인 한국과 달리
노동력의 65%를 학생과 외국인을 통해 충당하고 있는데, 노동생산성이 한
국보다 1.5~4.1배 높아 노임 부담을 극복하고 있다.

(2) 동부팜화옹 유리온실 경영의 전망

유리온실에서 과채류나 화훼를 재배할 경우 품질이 높아진다는 데는 이론이 없다. 다만, 유리온실은 자동화 설비를 제외하고도 비닐하우스에 비해 세 배 정도 많은 초기 투자비가 필요하다. 이렇게 과다한 고정투자를 해서 수익을 낼 수 있는 품목은 극히 제한적일 수밖에 없다. 동부팜화옹은 유리온실 11ha(3만 3000평)당 380억 원(정부 지원금 87억 원을 포함할 경우 467억 원)을 투자했으니 평당 110만 원(정부 지원금을 포함할 경우 140만 원)에 달하는 큰 액수이고, 일반적인 과채류용 유리온실 설치비용인 $3.3m^2$당 70만 원에 비해 훨씬 비싼 수준이며 비닐하우스 설치비용인 $3.3m^2$당 30만 원의 세 배 이상에 달한다. 정부의 지원이 없으면 경제성을 보장하기 어렵다.

① 가공 유통과정 지배 가능성

비농업자본이 농업에 진출하면 농업경영보다는 유통에서 이익을 올리려 할 것이다. 대기업의 축산 진출도 원가인하 등의 경영상의 경쟁력이 아닌 독점자본의 시장지배력을 통해, 유통과정에서 독점적 이윤을 벌어들이는 것이 될 수 있다. 과거 삼성재벌의 양돈사업 사례가 그랬다. 그래서 당시 대기업의 축산업 진출을 금지한 것이다. 지금도 농협이 경제 사업을 제대로 하지 못하고 있어서 대규모 할인점들이 농민을 지배하고 있는 형편인데, 대기업의 유통 지배가 지금보다 더 심해지면 농가소득 기회의 축소와 농업의 축소는 더 심해질 것이다.

동부팜화옹이 유리온실의 농산물을 수출하는 것을 목적으로 한다면, 그 품목은 파프리카·토마토·장미 정도가 고작이다. 이 품목들은 한국 농가의 고수익 작목으로서 내수와 수출 모두 잘 되고 있는 몇 안 되는 효자상품들이다. 그런데 기업자본이 들어와 수출시장에서 경합을 하게 되면 대일 수출의

존도가 높은 우리 입장에서는 '제살 깎아 먹기 식'의 경쟁이 벌어질 수 있다.

동부팜한농 측은 내수시장에 물량을 내놓으면 계약 위반이 되어 부지에서 쫓겨난다는 점을 들며, 생산된 토마토를 전량 수출하고 초과 물량은 소스, 케첩 등 가공용으로 판매해 내수시장을 어지럽히지 않겠다고 했다. 하지만 농민단체들은 "동부팜한농에서 재배하고 있는 토마토는 껍질이 무른 이스라엘 종으로 수출용으로 적합하지 않다"라고 하면서 "또 지난해 동부팜순이 논산에서 생산한 1000톤 중 100톤만 수출되었고 나머지 90%는 내수용으로 쓰였다"라며 전량 수출 방침을 믿을 수 없다는 입장이다. 수출이 어려우면 내수시장으로 방향을 선회할 수도 있다는 것이다.

최원병 농협중앙회장은 2013년 3월 4일 자 ≪조선비즈≫ 인터뷰에서 정책 당국자들이 무책임하게 농업정책을 만든다고 비판했는데, 대기업들이 유리온실을 만들어 농산물 수출에 진출하는 것을 예로 들면서 원래 농민이 하던 일이 대기업에 넘어가 유리온실 사업이 '대기업의 독무대'가 되어버렸다고 지적했다. 그는 이 인터뷰에서 "요새 대기업들이 유리온실을 만들어 농산물 수출을 많이 하는데 …… 이런 식으로 하면 농민은 남의 집 일하는 일꾼으로 전락하고 만다. 농민을 경영인으로 만들어 줄 수 있느냐를 농업정책의 판단 기준으로 삼아야 한다"라고 말했다.

이 같은 양측의 대립에 대해 농식품부 관계자는 "FTA 예산으로 87억 원이 지원된 것은 맞다"라며 "법과 원칙에 따라 집행한 것이기 때문에 문제가 없고, 동부팜화옹에 예산 지원 시 수출이 전체 물량의 90%를 넘어야 한다는 규정을 넣어 국내로 물량이 유입되지는 않을 것"이라고 설명했다.

② 농지투기·농지전용 촉진 가능성

비농업자본의 농업 진출 허용은 농지투기와 농지전용을 부추길 것이 뻔

하다. 현대가 서산 간척지를 농지로 계속 활용하지 않고 특구로 지정만 받고 간척지를 분양하고 있는 것은, 토지를 농업경영용으로 이용하는 것보다는 비농업용으로 활용하는 것이 훨씬 더 이익이라고 여겼기 때문이다. 앞으로 도시민들이 앞 다투어 농업경영법인을 만들어 농지를 매입하려 할 것이다. 그리고 수지가 맞지 않는다는 이유를 들어 농지전용을 요구하려 할 것이다.

4. 가족농 존속: 실증적 근거

1) 선진자본주의국가에서 가족농 존속

'가족농(family farm)'의 정의는 다음과 같다. ① 농장의 소유와 경영을 가족이나 가까운 가족구성원이 지배하고 있다. ② 농장의 소유와 경영이 가족 내에서 세대 간끼리 승계된다. ③ 농장 노동의 대부분을 농장주와 가족이 담당한다. ④ 소요 자본의 상당 부분을 농장주와 가족이 조달한다. ⑤ 가족이 농장경영 소득의 대부분을 차지한다. ⑥ 영농종사자들은 혈연이나 결혼으로 연결되어 있다. ⑦ 가족이 농장에 거주한다.

〈표 3-2〉 농업생산의 여러 형태들

구분	노동	경영	위험 부담(기업가 역할)
가족농	가족노동	가족	가족
가족소유기업	가족노동 또는 고용노동	가족 또는 고용된 경영자	가족과 주주
기업농	고용노동	고용된 경영자	주주

가족끼리 출자해서 회사를 세우는 형태로 '가족소유기업(family owned business)'도 생겨나고 있다. 그러나 가족농이 가족소유기업 또는 '기업농(in-dustrial farm)'과 결정적으로 다른 점은 경영과 금융상의 위험을 농장을 소유한 가족이 진다는 것이다. 가족소유기업 또는 기업농의 위험 부담은 가족 구성원 여부와 관계없이 출자자들이 분담한다(Claus and Van Huylenbroeck, 2010: 640).

〈표 3-3〉 서유럽(2005)과 미국(2007) 농업에서 가족농의 중요성

구분	농장 수(개)	가족농 비율(%)	총 경지면적 중 가족농 경지 비율(%)	총 노동시간 중 가족농 노동 비율(%)	평균 농장 규모(a)
벨기에	51,540	93.1	91.3	80.4	102
덴마크	51,680	99.2	97.2	63.2	175
프랑스	567,140	75.6	50.9	49.4	185
독일	389,880	94.0	70.5	69.9	189
아일랜드	132,670	99.9	99.5	93.0	99
이탈리아	1,728,530	98.3	72.4	82.0	40
포르투갈	323,920	97.9	76.0	82.8	56
스페인	1,079,420	95.2	61.3	65.4	73
네덜란드	81,830	92.9	90.1	63.1	81
영국	286,750	95.6	84.8	68.6	381
미국	2,204,792	86.5	69.8	55.9	418

주: 1) 유럽 농장의 정의: 농산물을 생산하는 경제적, 기술적 단일경영체.
   2) 미국 농장의 정의: 1000달러 이상의 농산물을 판매하는 농업생산 단위.
자료: USDA NASS(2009), Claus and Van Huylenbroeck(2010, 재인용), 유로스타트 홈페이지.

2) 미국 가족농

미국에서는 가족농을 '가족이 소유와 통제의 대부분을 유지하는 농장'으로 정의한다. 농장경영의 대부분을 농장주와 혈연이나 결혼으로 연결된 관

런자들(농장에 거주하지 않는 가족도 포함)이 지배하는 농장을 의미한다. '비
가족농(non-family farm)'은 농장 운영주와 관련자들이 농장경영의 소유권
에서 대부분 제외된 형태의 농장이다. 여기에는 회사법인 농장뿐만 아니라,
세 명의 관련 없는 파트너가 함께 소유하는 농장, 부재 소유주를 위해 고용
된 경영자가 운영하는 농장 등이 포함된다(Hoppe and Banker, 2010: 2).

발전된 자본주의국가들이라고 할 수 있는 서유럽과 미국에서는 아직도
가족농의 중요성이 높다. 미국에서는 2007년 기준으로 소규모 가족농장이
전체 농가의 88%를 차지한다. 대규모 가족농장의 비중은 9%이지만 전체
농업생산량의 66%를 담당한다. 농장경영은 여전히 가족의 사업이다. 98%

〈표 3-4〉 미국의 농장 수, 농업생산, 농가자산 비중 현황(2007)

(단위: %)

농장 형태			농장 수 비중	농업생산 비중	농가자산 비중
소규모 가족농	은퇴농		18.4	1.6	12.9
	거주/취미 농장		45.1	4.2	26
	전업농	저판매	19.8	4	17.3
		중간규모 판매	5.1	6.6	7.9
대규모 가족농	대규모 판매		4.3	12.2	9.3
	거대규모 판매		5	53.7	20.1
비가족농			2.4	17.7	6.6
합계			100	100	100

주: 1) 은퇴농(retirement farms): 1000달러 이상의 농산물을 판매하며 가구주가 은퇴자인 농장.
　　2) 거주/취미 농장(residential/lifestyle farms): 농사가 주업이 아닌 농장.
　　3) 전업농(farming-occupation farms): 주업이 농사인 소규모 농장.
　　　(1) 저판매 농장: 판매액 10만 달러 이하 농장.
　　　(2) 중간규모 판매 농장: 판매액 10만~25만 달러 농장.
　　4) 대규모 판매 농장(large family farms): 판매액 25만~50만 달러 농장.
　　5) 거대규모 판매 농장(very large family farms): 판매액 50만 달러 이상 농장.
　　6) 비가족농(non-family farms): 농장주 및 관련자가 농장경영의 대부분을 소유하지 않는 농장.
자료: USDA NASS and ERS(2007).

의 농장이 가족농장이고, 이들이 전체 농업생산의 82%를 담당한다. 비가족 농의 농업생산 비중은 17.7%에 지나지 않는다. 판매액 25만 달러 이상의 대규모 판매농가 중에서도 가족농의 비중이 높은 것이다. 소규모 가족농이 농장 자산의 64%, 농지의 63%를 차지한다.

1978년부터 2007년 사이에 경지규모가 70a 이하인 농장은 12% 감소한 반면, 1000a 이상인 농장은 1% 증가했다. 그 중간에 있는 모든 농장의 수 는 감소했다. 경지규모가 1000a 이상인 농장의 경영지 비중은 12%, 판매액 비중은 15% 증가했다(Hoppe and Banker, 2010: 4).

3) 오스트레일리아 토마토 생산 기업가적 가족농

오스트레일리아에서는 가족농이 전체 농장의 98%를 차지한다. 기업농 은 면화, 포도재배, 양돈 및 양계 등 극히 일부 분야에서만 존재한다. 오스 트레일리아의 대부분 면적을 차지하는 곡물·가축 복합 생산 분야는 여전히 가족농 체제가 압도적으로 많다. 오스트레일리아 가공용 토마토 생산 분야 는 시장지향적인 신자유주의적 농업정책 아래에서 큰 변화를 겪었다. 1984 년에는 농민들이 교섭을 통해 시장을 관세로 보호함으로써, 약 350개 농장 이 18만 3000톤의 가공용 토마토를 시장에 공급했다. 그러나 2004년이 되 면서, 수입 경쟁이 치열해지고 생산자와 토마토 가공회사 간의 거래규제도 철폐되면서 자유화된 시장 안에서 겨우 32개 농장이 토마토 36만 톤만을 공급하게 되었다. 토마토 생산농장들은 네 개의 가공회사와 계약한 생산조 건 하에서만 토마토를 납품할 수 있을 뿐이다.

가공 토마토 생산농가들을 대상으로 한 면접 조사 자료를 근거로 볼 때, 오스트레일리아에 잔존하는 농장들은 가족농도 기업농도 아닌 '기업가적

<표 3-5> 경지규모별 농가호수 연도별 추이

(단위: 천 호)

연도	농가 호수	무경지 농가	0.1ha 미만	0.1~ 0.5ha	0.5~ 1.0ha	1.0~ 1.5ha	1.5~ 2.0ha	2.0~ 3.0ha	3.0~ 5.0ha	5.0ha 이상
1970	2,483	72	26	761	824	446	193	124	37	
1980	2,156	28	14	598	748	438	191	109	31	
1990	1,767	24	15	468	544	352	191	129	44	
1995	1,501	24	16	417	432	265	153	123	70	
2000	1,383	14	30	410	379	219	132	114	85	
2005	1,273	17	38	419	330	174	107	93	61	33
2009	1,195	14	16	454	300	152	87	82	55	35
2010	1,177	14	23	450	288	142	83	78	57	40
2011	1,163	12	10	468	281	136	83	76	56	41
2012	1,151	12	14	461	275	134	83	74	56	42

자료: 농림수산식품부(2013).

가족농(farm family entrepreneurs)'이라고 부를 수 있다. 가족 단위가 가족 소유와 경영의 경제적·사회적 중핵이 되고 있는 것은 맞지만, 경쟁 압력을 견뎌내기 위해 필요한 자본을 친족이나 금융기관으로부터의 조달에 크게 의존하고 있기 때문이다(Pritchard, Burch and Lawrence, 2007).

4) 한국농업의 구조변화

한국농업의 구조는 여전히 가족농이 지배적이다. 〈표 3-5〉에서 보듯이 경지규모 5ha 이상의 상층농이 2005년 3만 3000호에서 2012년 4만 2000호로 증가했다. 10ha 이상 농가는 2000년 3200호에서 2012년 1만 100호로 증가했고, 같은 기간에 7~10ha 농가도 6000호에서 1만 2200호로 증가했다

(〈표 3-6〉). 그러나 여전히 경지규모 10ha의 상층농가도 고용노동을 많이 쓰지 않고 있으며, 가족노동 비중이 압도적으로 많다(〈표 3-7〉). 박진도(2010)가 2008년 수행한 충청남도 두 농촌마을의 실태 조사결과에 따르면, 상층농과 하층농의 비중이 증가하고 중간층의 비중이 감소하는 양극화 현상이 지속되고 있다. 하층농의 비중이 증가하는 이유는 고령의 가난한 영세농가가 늘어나고 있기 때문이다. 벼농사를 중심으로 상층농으로의 농지 집중 현상이 보이고 있지만, 개별 경영의 규모 확대에는 한계가 있다.

한국의 농업생산 분야에서 기업농의 비중은 아직 미미하다. 영농조합법인과 회사법인의 사업에서 확대되는 부분은 대부분 판매 분야이고, 생산 분야의 실질적인 법인경영은 지지부진하다. 참여 농가가 법인의 농기계를 점유(실질적으로 소유)하고 경영하는 경우도 많다. 이처럼 대기업의 농업생산 진출은 거의 없다. 기업적 농업 경영의 사례로는 도작경영에서 현대건설이 조성한 서산 간척지 농장을 들 수 있는데, 이 사업은 2001년까지 현대건설

〈표 3-6〉 대규모 농가의 경지규모 연도별 추이

(단위: 천 호)

연도	2~3ha	3~5ha	5~7ha	7~10ha	10ha 이상
1990	129.9	43.5	-	-	-
1995	123.3	54.9	13.8		1.7
2000	113.8	61.1	14.4	6.0	3.2
2004	91.4	54.0	16.2	7.7	4.5
2009	81.9	54.9	18.6	9.9	6.2
2010	78.2	57.0	19.1	11.1	9.4
2011	76.0	55.6	19.7	11.8	9.9
2012	73.8	56.3	20.2	12.2	10.1

자료: 통계청 홈페이지 농림어업 통계.

<표 3-7> 경지규모별 유형별 농업노동 투하량(2012)

(단위: 시간)

구분	0.5ha 미만	0.5~ 1.0ha	1.0~ 1.5ha	1.5~ 2.0ha	2.0~ 3.0ha	3.0~ 5.0ha	5.0~ 7.0ha	7.0~ 10.0ha	10ha 이상
전체	501	783.3	1102.7	1249.4	1401.7	1566.7	1875.4	2249.4	2471.3
가족노동	473.5	701.3	910.7	1061.2	1148.4	1242.1	1388.5	1559.5	1650.6
고용노동	12.2	48.9	145.9	133.3	172.6	230.1	361.5	574.6	574.1

자료: 통계청(2013).

영농부에서 담당했으나 외환위기 이후 대부분 매각했다. 이를 영농부 직원 62명과 기타 인원 10명이 출자해 '현대서산영농법인'을 설립하고 출자금으로 매입한 농지 335ha와 현대건설 등으로부터 위탁받은 농지 약 7000ha를 경작하기 시작해, 2003년 기준으로 소유지 416ha와 위탁농지 2600ha를 경작하고 있다(김정호 외, 2004). 만약 대기업의 농업생산이 이윤을 남겼다면, 현대건설은 농지를 매각하지 않았을 것이다. 매각을 했더라도 다른 대기업이 이를 매입했을 것이다.

축산 분야에서는 일부에서 회사경영이 나타나고 있지만 가축생산보다는 가축가공, 가축판매를 주된 수익원으로 하고 있다.[8] 선진축산과 조인, 하림 등은 모두 생산농가를 상대로 한 계열화 사업을 통한 가공판매가 주된 사업 영역이다. 개별 축산농가들은 사료 공급과 소매 판매를 매개로 축산물가공자본과 대형소매자본에 의해 계열화되어 지배를 당하고 있다. 이들은 규모화·전문화에도 불구하고 기업농으로 발전하기보다는 노동력이 수탈되는 실질적인 노동자의 지위로 추락했다고 봐야 할 것이다. 원예 분야에서는 공기업으로서 구미원예수출공사가 있으나, 정부의 지원에 의존하고

---

8) 한국의 육계, 양돈, 한육우사육 분야의 공장식 축산의 발달 과정에 대해서는 송인주(2013)를 참조.

<표 3-8> 농가 시설면적 규모의 연도별 추이

(단위: 호)

연도	전체	0.1ha 미만	0.1~ 0.5ha	0.5~ 1.0ha	1.0~ 1.5ha	1.5~ 2.0ha	2.0ha 이상
2010	121,661	28,210	58,825	25,190	5,729	2,189	1,518
2011	16,514	68,300	59,437	24,111	5,523	1,987	1,115
2012	171,906	79,766	59,238	23,860	5,324	2,429	1,290

자료: 통계청 홈페이지 농림어업 통계.

<표 3-9> 한국 촉성 오이와 장미의 규모별 노동시간(2006)

(단위: 시간/10a)

구분	규모	자가노동	고용노동	합계
촉성 오이	0.3ha 미만	994	118	1,112
	0.3~0.5ha	902	135	1,037
	0.5ha 이상	491	369	860
	평균	912	149	1,061
장미	0.3ha 미만	737	245	982
	0.3~0.5ha	687	156	843
	0.5~0.7ha	743	247	991
	0.7ha 이상	479	340	820
	평균	692	200	892

자료: 강진구·이철희·이인규(2008).

있는 측면이 크고 경영이 안정되어 있지 않다. 농산무역주식회사는 여러 영농조합법인이 출자해 설립한 회사로서, 생산이 아니라 공동 선별·포장· 수출 업무를 담당한다.

한국 비닐하우스 경영 농가 중 압도적 다수는 1ha 미만의 소규모 농가이 고, 2ha 이상의 상층농가의 수도 과거에 비해 별로 늘어나지 않았다(<표

3-8)〉. 또한 〈표 3-9〉에서 보듯이 고용 노동력 의존율은 14~51%로 네덜란
드의 69~79%에 비해 훨씬 낮다. 2005년 네덜란드 채소 유리온실의 소요
노동력은 18%만을 자가노동으로 충당하고 나머지는 상시고용노동 44%,
임시고용노동 38%로 충당했다(강진구·이철희·이인규, 2008). 한국의 비닐하
우스 경영 농가의 대부분은 기업농이 아니라 가족농의 범주에 머물러 있는
것이다.

5. 맺음말: 농가 주도의 농업구조 개선 필요

동부팜한농 유리온실 사업의 실패에 대한 책임은 '규모의 경제' 논리를
맹신한 채 농민들과의 마찰을 고려하지 않고 사업을 추진한 정부에도 있지
만, 동부그룹의 책임이 더 크다. 동부그룹은 당초 화옹지구 사업시행사로
선정되었다가 중간에 부도가 난 세실을 인수해서 뛰어든 것이다. 세실은
농가와 농협을 중심으로 수출한다는 계획을 갖고 있었는데, 동부그룹에서
인수하면서 이 계획이 바뀌었다. 동부팜한농은 정부 특혜에 현혹되어 간척
지 유리온실 사업에 참여했다가 농민들의 반발로 본업인 농자재 생산 및 판
매 사업에 지장이 생기자 포기하고 말았다.

유리온실 인수협상이 쉽게 진전되지 않았던 것은 유리온실 사업의 경제
성 때문이다. 동부팜한농이 건립한 유리온실의 설치 비용은 약 510억 원이
었는데, 화성그린팜으로서는 이 엄청난 비용을 전부 부담하고서는 도저히
사업의 경제성을 확보할 수 없었다. 실제로, 농민들이 건립할 경우에 비해
과도하게 많은 자금이 투입되었다. 결국 동부팜한농은 자신들의 경영판단
잘못으로 인해 입은 손실임을 고려해, 투자금의 상당 부분인 50%의 손해를

감수하고 유리온실을 매각해야 했다.

유리온실 농장을 인수한 농업회사법인 우일팜도 기업농의 방식으로 유리온실을 운영해서는 성과를 기대하기 어렵다. 1~2ha 정도씩 개별 농가의 책임 아래 생산하도록 하는 것이 합리적이다. 우일팜은 농자재 공동구입과 농산물 공동판매 등의 활동을 할 수 있을 것이다. 정부는 기업농의 한계를 인식하고, 간척지에서도 개별 농가들이 농지를 매입하거나 임대받을 수 있도록 해야 한다. 2013년 7월 11일 농림축산식품부가 기업의 농업생산 진출에 관한 가이드라인을 내놓은 것은 때늦었지만 필요한 조치였다. 주요 내용은 ① 농업계와 기업계의 상호 존중·협력, ② 기업의 농업생산 참여 시 생산자단체와 사전협의, ③ 시장교란·불공정행위 등 기업의 우월적 지위 남용 금지, ④ 분쟁 시 정부 조정 역할 등이다. 기업이 농업생산에 참여할 때 생산자단체와 사전협의를 거쳐야 한다는 것이 핵심이다.

지금은 법적 근거가 없는 행정 지침이라는 한계가 있지만, 앞으로 법적 근거를 마련해야 할 것이다. 새만금 등 다른 간척지 농식품산업특구 사업에도 기업들이 참여하고 있어, 앞으로도 이와 유사한 문제가 발생할 수 있기 때문이다. 정부는 이상의 원칙을 엄격하게 적용하면서 농가와 기업이 사업 경제성을 무리하게 평가하지 않도록 하고, 특구 지정을 남발하거나 특혜성 지원을 해서는 안 될 것이다. 어느 개별 농가가 정부의 과다한 지원을 받으면, 지원받지 못한 다른 농가의 이익과 충돌할 수도 있다. 또 특혜성 지원은 과거 농어촌 구조개선 사업에서 확인되었듯이, 농기계와 시설의 과잉투자 등으로 사업의 부실을 키우는 경우가 많았다. 정부는 직접 지불 등을 통해 가격변동에 따르는 소득불안정을 막아주는 선에서 개입을 그치고, 사업의 경제성은 해당 주체의 책임하에 확보하도록 해야 할 것이다. 농림수산물 수출 규모 100억 달러 수준의 농업 경쟁력을 가지겠다는 목표는 전형적인 탁상공론이다. 식량자급도 25%, 농림수산물 수입 200억 달러 달성도 마찬가지이다. 이런 것들이 세계 식량위기 속에서 과연 타당하고 실현가능한 목표인가?

대기업이 한국농업을 위해 기여할 수 있는 길은 무엇인가. 자신이 잘 할수 있는 분야인 제조업과 서비스업에서 벌어들인 이익으로 세금을 더 많이지출해, 농업과 농가를 보호하고 도와주는 것이다. 현재 농업은 직접 지불제를 확충해 농가소득을 보장하고 사회보장체제를 확충해야만 농업 후계인력을 유지할 수 있는데, 여기에 필요한 재원을 확보하는 데 대기업이 기여해야 한다. 그동안 공산품 수출 촉진을 위한 농산물 수입 개방, 임금비용 절감을 위한 저농산물가격 정책 등 농업의 희생으로 성장한 것이 대기업이 아닌가? 기업은 국내 농가를 위해 회사 급식에서 국산 농산물을 식재료로 사용하거나 자매결연마을을 확대할 수 있을 것이다. 또 직원과 도시민의 농어촌 체험 관광을 활성화하는 것 등 기여할 부분은 많다. 기업의 사회적 기여, 사회적 책임은 바로 이런 것들이다.

농림수산식품부 장관은 기업이 농업에 참여함으로써 얻을 수 있는 장점을 살리면서, 기업의 독주나 우월적 지위 남용 등의 부작용을 방지할 수 있는 방안을 마련하겠다고 말한다. 그러나 장관이 말하는 '농업'이 농업생산까지 포함하는 것이라면 문제가 있다. 재벌 대기업이 농업과 연관한 2차 산업과 3차 산업에서 효율적 경영을 해, 농업을 지원하는 한편 이윤을 올릴수 있는 길이 충분히 있는데도 굳이 기업이 농업생산에까지 직접 뛰어든다면 농민의 소득기회를 빼앗을 뿐이다.

진정으로 농업회생의 의지가 있다면 정부는 자연조건이 특별히 유리한뉴질랜드를 벤치마킹할 것이 아니라, 선진국들의 두터운 농업보호 정책을잘 살펴봐야 할 것이다. 정부는 기업농을 통한 경쟁력 강화의 탁상공론에서 벗어나야 한다. 그 대신, 농민들 간의 협력을 통한 기술혁신과 비용절감을 지원하면서 네덜란드처럼 농협이 농산물 도매유통을 주도하도록 해, 농산물의 유통마진을 줄이고 농민의 소득을 키우는 데 주력해야 할 것이다.

참고문헌

강진구·이철희·이인규. 2008. 『화란의 시설원예 경영분석: 한국과 화란의 비교』. 농촌진흥청.

김수석·박석두. 2007. 『농업법인의 운영실태와 제도개선방안』.. 한국농촌경제연구원.

김정호. 2008. 『농업법인은 한국농업의 활로』. 목근통.

김정호 엮음. 2010. 『전문가들이 보는 2050 농업·농촌의 미래』. 한국농촌경제연구원.

김정호·김태곤·조성열. 2004. 『기업농의 가능성과 조건』. 한국농촌경제연구원.

김정호 외. 2010. 『농업·농촌 2030, 2050 비전과 과제』. 한국농촌경제연구원.

김태곤. 2009. 「기업의 농업 진입. 보약이 될 것인가: 일본의 경우」. ≪시선집중 GSnJ≫, 제76호.

김한호·이정환. 2009. 「뉴질랜드의 농업개혁, 우리의 모델이 될 수 있을까」. ≪시선 집중 GSnJ≫, 제77호.

농림수산식품부. 2013. 『농림축산식품 주요통계』, 농림수산식품부.

농촌진흥청. 2005. 『DDA·FTA 대응 품목별 경쟁력 제고 방안』. 농촌진흥청.

_____. 2007. 『2006 농축산물소득 자료집』. 농촌진흥청.

_____. 2012. 『2011 농축산물소득 자료집』. 농촌진흥청.

매일경제 아그리젠토 코리아 프로젝트 팀. 2010. 『아그리젠토 코리아: 첨단농업 부국의 길』. 매경출판주식회사.

민승규·양주환. 2008. 『경쟁력 있는 농업경영체 육성: 글로벌시대 한국농업이 나아 갈 길』. 삼성경제연구소.

민연태. 2009. 『한국농업 성공의 길: 지식과 혁신』. 녹색시민.

박석두. 2009. 『네덜란드의 유리온실 경영실태 조사』. 한국농촌경제연구원 출장보 고서.

박진도. 1991. 「농외자본의 농업진출 실태에 관한 일연구: 축산업을 중심으로」. ≪경영경제연구≫, 제7권, 127~169쪽.

_____. 2005. 『WTO 체제와 농정개혁』. 한울아카데미.

_____. 2010. 「한국농촌사회경제의 장기변동구조에 관한 조사연구」. ≪농촌사회≫, 제20권 제2집, 47~80쪽.

서상택. 2009. 「기업형 농업의 방향과 과제」. 사단법인한국농업정책학회 하계학술 대회 발표 논문.

성진근. 2004. 『한국의 농업정책, 틀을 바꾸자』. 삼성경제연구소.

_____. 2012. 『한국농업 리모델링: 경영·정책 시스템 새 판 짜기』. 해남.

성진근 외. 2009. 『강한 농업으로의 길』. 농민신문사.

_____. 2011. 『농업이 미래다』. 삼성경제연구소.

송인주. 2013. 「농업의 산업화와 한국의 축산혁명」. ≪농촌사회≫, 제23권 제1집, 143~192쪽.

양병우. 2001. 「기업농의 성격과 유형에 관한 연구: 농업생산주체들의 비교를 중심으로」. ≪농촌사회≫, 제11권 제1집, 5~28쪽.

유기준. 1994. 「한국 양돈산업의 구조변화에 관한 연구」. 서울대학교 대학원 경제학과 박사학위논문.

이성호. 1997. 「농업회사법인 성립의 경제적 의미」. ≪농촌사회≫, 제20권 제1집, 29~38쪽.

장경호. 2013. 「동부팜화옹 사태의 교훈: 대기업 농업진출, 藥인가 毒인가」. 한국농정신문 토론회 자료.

장상환. 2012. 「세계화와 농업문제의 전환」. 경상대 사회과학연구원 엮음. 『세계화와 계급구조의 변화』. 한울아카데미.

정영일. 2006. 『전환기 한국농업의 선택』. 박영률출판사.

통계청. 2013. 『2012 농가경제통계』. 통계청.

한국개발연구원 공공투자관리센터. 2010. 『2010년도 예비타당성조사 보고서: 첨단 유리온실 조성사업』. 한국개발연구원 공공투자관리센터.

허승욱 외. 2009. 『제6차 산업형 수출전문 최첨단 유리온실 조성 사업타당성 분석』. 농림수산식품부 용역 결과 보고서.

≪매일경제≫. 2013.3.29. "'아그리젠토 코리아' 꿈 깨트린 농민단체들".

≪조선비즈≫. 2013.3.4. "[심층 인터뷰] 농업 수출 늘린다며 유리온실 지원 …… 농민은 빠지고 대기업 독무대 돼".

통계청 홈페이지 농림어업 통계. http://kosis.kr/statisticsList/statisticsList_01List.jsp ?vwcd=MT_ZTITLE&parentId=F

Bernstein, Henry. 1979. "African peasantries: A theoretical framework." *Journal of Peasant Studies*, 6(4), pp. 421~443.

_____. 2010. *Class Dynamics of Agrarian Change*. Kumarian Press.

_____. 2013. "Interview, Agriculture, Class and Capitalism." *International Socialism*, 138.

Boltvinik, Julio. 2012. "Poverty and Persistence of the Peasantry." Background paper for the International Seminar on "Poverty and peasant persistence in the contemporary world" Mexico City, México 13~15 March, organised by CROP and El Colegio de México.

Brookfield, Harold. 2008. "Family Farms are Still Around: Time to Invert the Old Agrarian Question." *Geography Compass*, 2(1), pp. 108~126.

Bryceson, Deborah, Cristobal Kay and Jos Mooij. 2000. *Dispearing Peasantries?: Rural Labor in Africa, Asia and Latin America*. ITDG Publishing.

Chayanov, A. V. 1966. The Theory of Peasant Economy. Irwin.

Claus, Mieke and Guido Van Huylenbroeck, 2010. "The Persistence of Family Farming: A Review of Explanatory Socio-economic and Historical Factors." *Journal of Comparative Family Studies*, 41(5), pp. 639~660.

Cochrane, W. W. 1958. *Farm prices: myth and reality*. University of Minnesota Press.

Djurfeldt, G. 1981. "What Happened to the Agrarian Bourgeoisie and Rural Proletariat Under Monopoly Capitalism? Some Hypotheses Derived from the Classics of Marxism on Agrarian Question." *ActaSociologica*, 24(3), pp. 167~191.

Dovring, Folke. 1969. "Variants and Invariants in Comparative Agricultural Systems." *American Journal of Agricultural Economics*, 51(5), pp.1263~1273.

Fine, Ben. 1979. "On Marx's theory of agricultural rent." *Economy and Society*, 8(3), pp. 241~278.

_____. 1994. "Towards a political economy of food." *Review of international political economy*, 1(3), pp. 519~545.

Fine, Ben, Michael Heasman, and Judith Wright. 1996. *Consumption in Age of Affluence: The World of Food*. Routlege.

Friedmann, H. 1978. "Simple commodity production and wage labour in the American plains." *The Journal of Peasant Studies*, 6, pp. 71~100.

_____. 1980. "Household Production and the National Economy: Concepts for the Analysis of Agrarian Formations." *Journal of Peasant Studies*, 7(2), pp. 158~184.

Guthman, Julie. 2004. *Agrarian Dreams: The Paradox of Organic Farming in California*. University of California Press.

Harrison, Mark. 1979. "Chayanov and marxists." *Journal of Peasant Studies*, 7(1), pp. 86~100.

Hoppe, Robert A. and David E. Banker. 2010. "Structure and Finances of U.S. Farms: Family Farm Report, 2010 Edition." EIB-66, USDA(United States Department of

Agriculture) ERS(Economic Research Service).

Ikerd, John. 2002. "The Globalization of Agriculture: Implication for Sustainabililty of Small Horticultural Farms." Paper presented at the XXVI International Horticultural Congress on Sustainability of Horticultural Systems in the 21st Century, August 11~17, Toronto, Canada. pp. 399~410.

_____. 2007. "Reclaiming Rural America from Corporate Agriculture." Presented at Clean Water Week, sponsored by the Clean Water Network, Washington DC, February 25.

Kautsky, K. 1899. *The Agrarian Question.* translated by Pete Burgess. Zwan Publications.

Kislev, Yoav and Willis Peterson. 1991. "Economies of Scale in Agriculture: A Examination of the Evidence." *Staff Paper*, 43.

Machum, Susan, 2005. "The Persistence of Family Farming in the Wake of Agribusiness: A New Brunswick, Canada Case Study." *Journal of Comparative Family Studies*, 36(3), pp. 377~390.

Mann, Susan A. 1990. *Agrarian Capitalism in Theory and Practice.* University of North Carolina Press.

Mann, Susan A. and James M. Dickinson. 1978. "Obstacles to the development of a capitalist agriculture." *Journal of Peasant Studies*, 5(4), pp. 466~481.

Martins, Carla. 2008. "Farm Structure in the Netherlands." *Eurostat Statistics in focus*, 115.

McLaughlin, P. 1998. "Rethinking the Agrarian Question." *Human Ecology Review*, 5(2), pp. 25~39.

Ministery of Agriculture, Nature and Food Quality. 2010. *Facts and Figures 2010: The Dutch agricluster in a global context.* the Netherlands.

Ministry of Economic Affairs, Agriculture and Innovation. 2011. *Towards a new enterprise policy.* the Netherlands.

Mooney, P. H. 1982. "Labor time, production time and capitalist development in agriculture: A reconsideration of the Mann-Dickinson thesis." *Sociologia Ruralis*, 22(3·4), pp. 279~291.

_____. 1983. "Toward a class analysis of Midwestern agriculture." *Rural Sociology*, 48(4), pp. 563~584.

_____. 1987. "Desperately seeking: One-dimensional Mann and Dickinson." *Rural Sociology*, 52(2), pp. 286~295.

Neimark, Benjamin. 2012. "Green grabbing at the 'pharm' gate: rosy periwinkle production in southern Madagascar." *Journal of Peasant Studies*, 39(2), pp. 423~445.

Patnaik, Utsa. 1979. "Neo-populism and Marxism: The Chayanovian view of the agrarian question and its fundamental fallacy." *Journal of Peasant Studies*, 6(4), pp. 375~420.

Peterson, Willis. 1997. "Are Large Farms more Efficient?" *Staff Paper*, 2.

Ploeg, J. D. van der. 1993. "Rural sociology and the new agrarian question." *Sociologia Ruralis*, 33(2), pp. 240~260.

_____. 2008. *The New Peasantries: Struggles for Autonomy and Sustatinability in an Era of Empire and Globalization*. Earthscan.

_____. 2010. "The peasantries of the twenty-first century: the commoditisation debate revisited." *Journal of Peasant Studies*, 37(1), pp. 1~30.

_____. 2013. "The peasant mode of production revisited." www.jandouwevander ploeg.com/EN/publications/articles/the-peasant-mode-of-production-revisited/

Pollak, R. A. 1985. "A transaction cost approach to families and households." *Journal of Economic Literature*, 23, pp. 581~608.

Pritchard, Bill, David Burch, and Geoffrey Lawrence. 2007. "Neither 'family' nor 'corporate' farming: Australian tomato growers as farm family entrepreneurs." *Journal of Rural Studies*, 23, pp. 75~87.

Raup, Philip M. 1969. "Economies and Diseconomies of Large-Scale Agriculture." *American Journal of Agricultural Economics*, 51(5), pp. 1274~1283.

_____. 1973. "Corporate Farming in the United States." *Journal of Economic History*, 33(1), pp. 274~290.

_____. 1986. "Use of Equity Capital in Financing Future Agricultural Production: Discussion." *American Journal of Agricultural Economics*, 68(5), pp. 1337~1339.

Shanin, Teodor. 1973. "The nature and logic of the peasant economy I." *Journal of Peasant Studies*, 1(1), pp. 63~80.

_____. 1974. "The nature and logic of the peasant economy II." *Journal of Peasant Studies*, 1(2), pp. 186~206.

Singer, Edward G., Gary P. Green and Jere L. Gilles. 1983. "The Mann-Dickinson Thesis: Reject or Revise?" *Sociologia Ruralis*, 23(3·4), pp. 276~287.

USDA(United States Department of Agriculture) NCSF(National Commission on Small Farms). 1998. *A Time to Act: A Report of the USDA National Commission on Small Farms*. Miscellaneous Publication 1545.

USDA(United States Department of Agriculture) NASS(National Agricultural Statistics

Service). 2009. "Census of Agriculture 2007, United States Summary and State Data." *Geographic Area Series*, 1(51), pp. 739.

USDA(United States Department of Agriculture) NASS(National Agricultural Statistics Service) and ERS(Economic Research Service). 2007. *Agricultural Resource Management Survey*. Phase III.

Weis, Tony. 2007. *The Global Food Economy: the Battle for the Future of Farming*. Zed Books.

Welsh, Rick. 1998. "The Importance of Ownership Arragements in U.S. Agriculture." *Rural Sociology*, 63(2), pp. 199~213.

Welsh, Rick, Chantal L. Carpentier, and Bryan Hubbell. 2001. "On the Effectiveness of State Anti-Corporate Farming Laws in the United States." *Food Policy*, 26, pp. 543~548.

유로스타트 홈페이지. http://ec.europa.eu/eurostat/

LEI 홈페이지. http://www.lei.wur.nl/bin_asp/Frm_Start_Binternet.aspx?Database=LTC

제4장

교사의 정치·사회의식 변화
2005~2014

정진상 | 경상대학교 사회학과

1. 서론[1]

　현대사회에서 교사는 하나의 직업 집단으로서, 수적으로나 사회적 영향력으로나 중요한 사회집단이다. 교사는 한 사회의 지식을 다음 세대에 전수하는 역할을 수행하기 때문에 교사의 사회의식은 한 사회의 이데올로기적 지형을 가늠하는 데 중요한 지표가 된다. 교사의 대중조직인 전국교직원노동조합(이하 '전교조')이 주목을 받는 것도 어쩌면 당연한 일인지 모른다.

　이 글은 전교조 조합원과 일반 교사들을 대상으로 실시한 설문조사를 통해 지난 10년간의 교사의 정치·사회의식 변화를 분석한 것이다. 이번 설문조사는 2005년에 실시한 설문조사와 대상과 방법, 그리고 설문문항이 비슷하기 때문에 약 10년 동안 교사의 사회의식의 변화를 추적하는 데 용이했

---

[1]　이 글은 경상대학교 사회과학연구원과 전국교직원노동조합 참교육연구소가 공동으로 실시한 대규모 설문조사를 분석한 보고서[정진상, 『교사의 사회의식 변화: 2005~2014』(한울아카데미, 2015)]의 핵심 부분을 요약하고 가필한 것이다.

다. 조사 과정을 간단히 소개하면 다음과 같다.

1) 모집단과 표본

설문조사의 대상이 된 모집단은 일반 교사(비조합원)와 전교조 조합원으로 나뉜다. 따라서 모집단을 일반 교사와 전교조 조합원으로 구분해 표본을 추출했다. 표본은 두 모집단 각각에 대해 층화집락표집 방법과 무작위 표집 방법을 사용해 추출했다. 일반 교사와 조합원 각각의 모집단, 표집방법, 표본 크기, 유효표본수, 표집오차는 〈표 4-1〉과 같다.

〈표 4-1〉 모집단, 표집방법, 표본 크기, 유효표본수, 표본오차 요약

조사대상	항목	내용
일반 교사	모집단	초·중등 교원 전체(조합원 제외, 약 38만 4800명)
	표집방법	지역별·학교 급별 층화, 학교별 할당, 무작위 추출
	표본 크기	총 1560명(초등 33개교 495명, 중학교 30개교 450명, 고등학교 41개교 615명)
	유효표본수	629부(유효응답률: 40.1%)
	표본오차	95% 신뢰도 수준에 오차범위 ± 3.9%
전교조 조합원	모집단	초·중등 조합원 전체(약 5만 4000명)
	표집방법	지역별·학교 급별 층화, 학교별 할당, 무작위 추출
	표본 크기	총 1040명(총 104개교)
	유효표본수	505부(유효응답률: 48.5%)

2) 조사 시기와 조사 방법

2014년 5월부터 설문지 초안을 만들어 참교육연구소, 전교조 정책실 등과 회의를 진행하며 설문지를 보완했다. 일반 교사와 조합원에 대한 조사

는 지역별, 급별로 할당해 전교조 대의원이 있는 조합원의 재직 학교 교사와 조합원을 대상으로 무작위로 표본을 추출했다. 조사 기간은 2014년 10월 17일부터 31일까지였으며, 직접자기기입 방식을 사용해 설문지 조사를 했다. 설문지 배포는 전교조 분회 조직을 활용했는데 표집된 104개 학교의 분회장에게 두 가지 설문지를 우송하고 설문지 기입이 끝나면 설문지를 수합해 반송하는 과정을 거쳤다.

3) 조사 결과의 통계 처리

조사 후 회수된 설문지는 교사 유효설문지 629부, 조합원 유효설문지 505부였다. 이 유효설문지를 분석의 대상으로 전산처리했다. 우선 최종 분석 대상이 된 설문지를 분류, 부호화 및 데이터 입력, 오류 수정의 과정을 거쳐 각 변수의 구분(일반 교사·조합원·활동가) 빈도와 백분율을 살펴보았다. 그다음 연령별, 성별, 학교 급별, 지역별, 전교조 가입시기별 등 배경변수와 각 변수들 간의 관계를 교차분석을 통해 분석했다.

그리고 약 10년간 교사의 의식 변화 추이를 살펴보기 위해 2005년 경상대학교 사회과학연구원 조사와 중복된 항목들에 대해 비교 분석했다. 2005년 조사의 사회과학통계패키지(statistical package for social science: SPSS) 원 자료를 가공해 통계학적 유의성을 검증했다. 통계분석은 SPSS 프로그램을 사용했다. 통계치의 유의성 검증은 명목 변수 설문에 대해서는 '카이 제곱'을 사용했고, 서열형 설문에 대해서는 독립표본 T 검증(t-test) 또는 분산분석(ANOVA)를 사용했다. 유의 수준은 95%로 했으며, 유의한 경우에는 해당 표에 'p<0.05'로 명시했다. 교차분석에서 유의하지 않는 결과가 나온 경우는 표에서 제외했다. 서열형 설문은 가장 부정적인 응답을 1점으로 하고

보통을 3점, 가장 긍정적인 응답을 5점으로 해 평균점수를 비교하는 방법을 사용했다. 평균점수가 3점 이상이면 긍정적이고 3점 이하이면 부정적임을 나타낸다.

2. 조사연구의 배경

첫 번째 조사가 이루어진 2005년부터 약 10년간 한국사회는 상당한 변화를 겪었다. 한국자본주의는 1997년 IMF 외환위기 이후 신자유주의적 세계화의 물결 속으로 급격하게 빨려 들어 갔으며, 2008년에는 미국발 세계 금융위기의 여파로 마이너스 성장을 기록하는 등 불황과 저성장 국면이 고착되었다. 노무현정부에 이어 2008년에는 이명박정부, 2013년에는 박근혜 정부로 두 차례 정권교체가 있었다. 이런 정치경제의 변화는 교사의 의식 변화에 일정한 영향을 미쳤을 것으로 추정된다. 그뿐만 아니라 세 정부를 거치는 동안 입시경쟁 교육과 교육관료체제의 틀은 강고하게 유지된 채 신자유주의 교육정책이 심화되는 양상을 보였다.

이런 교육정책의 변화는 전교조의 대응에 직접적인 영향을 미치고 교사들의 의식을 변화시켰을 것이다. 전교조에도 중요한 변화가 있었다. 1999년 합법화된 전교조는 조합원의 수가 확대되어 약 10만 명에 육박했으나 2004년 이후 조합원 수가 지속적으로 감소해 2014년 현재는 5만 명이 약간 넘는 수준이다. 전교조의 이런 변화는 교사들의 의식이 변화된 것의 결과이기도 하지만, 거꾸로 이런 변화는 특히 전교조 조합원 교사의 의식에 영향을 미칠 것으로 보인다.

1) 정치·경제정세의 변화

1960년대 이후 약 30년간 고도 경제성장을 구가해온 한국자본주의는 1987년 6월 항쟁과 1997년 IMF 외환위기를 거치면서 근본적인 변화를 겪었다. 6월 항쟁과 잇따른 노동자대투쟁은 저임금과 저곡가에 기초한 초과착취체제에 결정적인 타격을 가해 자본의 구조조정을 강요했다. 한편 1989년 현실사회주의권의 몰락으로 냉전체제가 해체되면서 미국을 중심으로 한 단일한 세계자본주의체제가 새로운 국제 분업질서를 강요했다. 한국자본주의는 이런 대내외적 환경 변화에 적절하게 대처하지 못한 채 IMF 경제위기를 거치면서 신자유주의적 세계체제 속으로 급속하게 편입되었다.

1970년대 중반 이후 세계자본주의의 위기에 대한 대응으로 등장한 신자유주의적 자본주의체제는 대외 개방, 규제 완화, 민영화 및 노동유연화를 통해 자본의 이윤율을 회복하고자 했다. 하지만 자본의 이윤율 회복을 위한 이런 조치들은 기본적으로 노동자계급의 희생에 기초한 것이었기 때문에, 궁극적으로는 소비시장을 위축시켜 자본의 이윤 실현이 불가능하게 되는 부메랑으로 작용했다. 1990년대에 미국을 중심으로 한 신경제와 중국 경제의 부상으로 일시적으로 회복세를 보이던 세계자본주의가 1990년대 말부터 더 큰 위기로 빠져든 것은 자본의 논리 그 자체의 귀결이라고 봐야 한다.

1997년 외환위기 이후 한국자본주의는 이런 신자유주의적 세계체제의 규정력 속에서 저성장 국면이 이어지고 있다. 지배체제는 성장의 동력을 얻기 위해 자유무역협정(FTA)을 통한 재벌 중심의 수출 확대와 노동유연화 정책을 계속 추진해왔다. 하지만 저성장 기조가 고착화되고 있는 가운데 재벌의 경제 지배력이 더 커진 반면, 실업률이 증가하고 저임금 불안정 노동이 확대되었다. 이로 인해 노동소득분배율이 2010년 이후에는 50%대로 하락하고 대기업 중심의 기업 소득은 급증해 사회의 양극화가 심화되었으며, 노동계급 내에서도 실업자와 빈곤층이 늘어난 가운데 비정규직 임금이 정규직의 50%에도 못 미치는 등 양극화가 심해졌다. 2008년 미국발 금융위기 이후에는 이런 저성장 국면의 장기화 속에서 사회양극화와 노동계급 내부의 양극화가 더욱 심화되었다.

이와 같은 한국자본주의의 전반적 경향 속에서 노무현정부가 출범한다. 새 정부가 출범한 2003년부터 현재까지의 정부 정책의 변화를 살펴보자. 노무현정부는 성장과 분배의 균형을 내세워 전교조와 민주노총 등 노동계급의 기대 속에서 출범했으나 신자유주의적 자본주의 질서에 급속하게 순응하는 행태를 보였다. 노무현정부는 성장과 분배의 균형을 내세웠지만 실제로는 한미 FTA를 추진하는 등 대외 경제 개방을 확대하고 '동북아 중심 국가론'과 '소득 2만 달러 시대'를 내세우는 등 신성장주의를 추구했다. 한편, 개혁 이데올로기에 고무되어 농민의 수입개방저지 투쟁과 노동운동 등 신자유주의에 반대하는 민중운동이 고조되었지만, 노무현정부는 이런 운동을 끌어안기보다는 친자본적 입장에서 이를 억압함으로써 기대되었던 경제 개혁과는 거리가 멀어졌다.

'747 공약'으로 대표되는 성장 일변도의 정책을 내세우며 집권한 이명박 정부는 2008년 집권 초기 미국발 금융위기의 여파로 국내총생산이 마이너스 성장을 기록하자, 법인세 감세와 규제완화 정책, 4대강 정비사업 등의 토건사업, 부동산 경기 부양정책, 공공부문 및 의료 민영화 등을 통해 위기를 돌파하고자 했다. 하지만 이런 단기적이고 인위적인 경기부양 정책들은 침체된 경기를 회복하는 데도 효과가 거의 없었을 뿐 아니라, 민중의 희생을 강요한 것이었다. 그로 인해 기업의 구조조정과 정리해고, 임금 삭감, 중소기업과 자영업자의 파산과 몰락, 물가 폭등과 가계부채 증가 등 민생의 고통이 가중되었다.

박근혜정부는 온정적 복지주의와 '준비된 대통령론'을 내세웠는데, 신자유주의 일변도의 이명박정부와의 차별화를 통해 경제위기와 신자유주의로 생존의 위기에 몰린 중하층 계층을 일부 포섭하면서 집권했다. 이명박정부의 실정에도 불구하고 보수세력이 정권 재창출에 성공한 것은 박정희 정권에 대한 대중적 향수가 강하게 작용한 측면이 컸다. 이에 더해, 이명박정부의 신자유주의 정책에 대한 민중의 불안과 분노를 결집하지 못한 자유주의세력의 무능과 진보세력의 분열도 한몫 했다.

하지만 집권 1년도 채 되지 않아 박근혜 정권이 내세운 복지, 경제민주화, 국민대통합 등의 공약이 실은 선거공학적인 슬로건이었음이 드러났다. 인위적인 경기 부양책에도 불구하고 경제 침체가 계속되어 복지 공약의 어려움이 가중되고, 국정원의 대통령 선거 개입을 둘러싼 논란으로 정치적 위기가 불거지자 박근혜정부는 유화적인 태도를 배제하고 공안탄압과 강권통치로 본색을 드러낸 것이다. 이런 국면에서 이번 조사가 실시되었다.

2) 교육정세의 변화

한국 교육정세의 지형을 규정하는 주요한 요인들에는 다음과 같은 몇 가지가 있다.

한국 교육을 옥죄고 있는 첫 번째 주범은 말할 것도 없이 입시경쟁 위주의 교육이다. 중등교육은 물론이고 이제는 초등교육과 심지어 유치원 교육까지 대학입시경쟁과 취업경쟁에 압도당하고 있는 것이 한국 교육의 가장 중요한 특징이자 고질병이다. 이로 인해 초중등 교육은 대학입시에 종속되어 본연의 역할을 제대로 하지 못하고 교사와 학생의 교수·학습은 소외되어 있다. 이런 모순을 완화하기 위해 역대 정부가 추진해온 정책은 대학입시 개선 정책이었다. 정권이 바뀔 때마다 예외 없이 대학입시 개선정책과 사교육비 경감대책이 나왔지만 입시경쟁과 사교육은 갈수록 심해져 왔다. 그뿐만 아니라 수능시험, 수시전형, 입학사정관제 등 변화된 대학입시 정책은 학부모의 경제력과 문화자본에 더욱 심하게 좌우되고 있어서, 교육이 계층 이동의 통로가 아니라 계급재생산의 기제로 확고하게 자리 잡아 오고 있는 것이다.

두 번째, 일제 강점기에 확립되어 그 근간이 유지되고 있는 교육관료체제가 여전히 한국 교육정세를 규정하는 중요한 요인으로 작동하고 있다. 역대 정부는 교육관료체제를 통해 국가의 교육통제와 지배이데올로기를 강요함으로써 교사, 학생, 학부모 등 교육주체들과 끊임없이 갈등을 빚어왔다. 교육관료체제의 핵심 고리는 각급 학교 최일선의 교장체제인데, 교사들에 대한 실질적인 인사권을 쥐고 있는 교장은 관리자나 조력자로 봉사하기보다는 지휘관이자 지배자로 군림한다. 이 때문에, 교사는 교실의 학생들을 향하기보다는 교무실의 교장을 먼저 살펴야 하는 것이 현실이다. 교육관료체제는 전교조의 합법화와 일부 교장공모제의 도입으로 약간의 균열이 생긴 것이 사실이지만, 교원평가와 성과급제 등 신자유주의 정책과 결합되면서 그 위력이 여전히 유지되고 있다.

세 번째, 1995년 5·31 교육개혁 이후 본격적으로 도입되어 갈수록 그 지배력이 커지고 있는 신자유주의 교육정책과 이데올로기를 들 수 있다. '세계화'와 '수요자 중심의 교육'이라는 수사를 동원하며 도입된 신자유주의 교육은 교육을 시장화해 교육의 공공성을 해체하는 효과를 발휘해왔다. 그것은 교육의 대외 개방을 통해 교육공공성 담론에 타격을 가하는 한편, 교원 평가제를 통해 교사들에 대한 통제력을 강화하는 효과를 성공적으로 획득했다. 이것뿐만 아니라, 신자유주의 교육정책은 균열이 생긴 교육관료체제를 보완해 교사들을 통제하는 데까지 효과를 발휘하고 있다.

마지막으로, 정부의 전교조에 대한 이데올로기 공세가 상수로 존재해왔다. 1989년 '참교육'을 기치로 법외노조로 출범한 전교조는 창립 초기부터 1500여 명에 이르는 대규모 해직사태 등을 겪으며 정부의 탄압을 받아왔다. 전교조는 1999년 김대중정부의 노사개혁의 일환으로 합법화되었으나, 약 10년 동안의 합법화투쟁 기간에 각인된 과격한 이미지로 인해 대중 속으로 파고드는 데 어려움을 겪었다. 게다가 교육관료체제를 통한 교사 통제에 전교조가 가장 큰 걸림돌이라고 여긴 정부는 전교조의 그런 과격한 이미지를 적극적으로 이용해 이데올로기 공세를 펼쳐 전교조에 대한 다양한 형태의 탄압을 정당화하고자 했다. 이 때문에 정부의 전교조에 대한 탄압 정책과 이에 대한 전교조의 대응은 교육정세에 중요한 변수로 작용해왔다.

이런 몇 가지 요인을 고려해 지난 10년간 교육정세의 변화를 살펴보자. 2003년 전교조 조합원을 비롯한 교사들의 압도적인 지지를 받아 등장한 노무현정부는 교육개혁에 상당한 기대감을 불러일으켰다. 노무현정부는 출범 당시 학벌타파와 사립학교법 개정 등 개혁 의제를 제시했으며, 전교조도 합법화 이후 약 10만 명에 육박하는 조합원을 확보하는 등 급속하게 성장해 교육개혁의 주체로 나설 만한 충분한 역량을 갖추고 있었다.

하지만 노무현정부는 집권 초기 교육행정정보시스템(National Education Information System: NEIS)을 둘러싼 전교조와의 대립으로 개혁의 동력을 상실하면서 신자유주의 정책에 의존했다. 노무현정부는 한미 FTA를 통해 교육개방을 추진하는가 하면 교원평가제를 도입함으로써 개혁의 주요한 동력으로 간주된 교사 대중의 저항을 자초했다. 이런 가운데에서도 전교조는 공교육개편 운동, 대학평준화 운동, 사립학교법개정 운동 등 교육개혁 운동을 대대적으로 전개했으나 정부의 정책 방향과 충돌함으로써 성과를 내기가 힘들었다.

이명박정부는 5·31 교육개혁에서 시작된 신자유주의 교육정책을 극단적으로 밀어붙였다. 이명박정부는 자율형 사립고를 확대하고 일제고사를 부활시키는 등 입시경쟁교육과 교육불평등 구조를 더욱 강화했다. 또 입학사정관제 등을 통한 대학입시 자율화, 외국인 학교 영리법인화 등을 통한 학교의 시장화, 교원평가와 성과급제를 통한 교원통제 강화 등 신자유주의 정책을 전면화하는 한편, 역사 교과서 수정과 도덕 및 사회과 교육과정 개정을 추진하는 등 신보수주의 이데올로기를 한층 강화했다.

전교조에 대한 탄압도 노골적으로 전개했다. 뉴라이트 세력을 통해 이데올로기 공세를 펴는 한편, 일제고사와 시국선언에 대한 무리한 교사 징계를 감행하고 단체교섭을 무력화하는 시도를 통해 이른바 '전교조 죽이기'에 전면적으로 나섰다. 이런 강도 높은 신자유주의 정책으로 교육양극화가 심화되자, 교사들뿐만 아니라 일반 국민의 불만도 커졌다. 이는 2010년 지방선거에서 서울과 경기 등 여섯 개 지역에서 진보적 성향의 교육감이 당선되는 결과로 나타났다. 진보적 성향의 교육감들은 '혁신학교'를 통해 학교 현장을 바꾸려는 시도를 하는 등 새로운 활력을 불러일으켰다.

박근혜정부는 이명박정부의 신자유주의 경쟁교육체제의 기본 골격을 유지하면서도 신자유주의 교육정책으로 인한 대중의 불만을 무마하려는 의도로 온정주의적 교육복지 정책을 내세웠다. 초등 돌봄학교 확대, 고교무상교육 시행, 학급당 학생 수 감축, 반값 대학등록금 등이 대표적인 교육복지 공약이었다. 하지만 이런 공약은 예산 증액을 수반하기 때문에 경제가 회복되지 않고 조세부담을 늘이지 않는 한 실행하기 어려운 것이어서 집권 후 1년도 지나지 않아 대부분 후퇴하거나 파기했다. 오히려 박근혜정부는 국정원 대선개입 사태로 인한 정치적 위기를 맞아, 교학사 한국사 교과서 살리기에 나서고 전교조에 대한 이념 공세를 강화하는 한편, 전교조의 해직교사 조합원 자격 부여를 빌미로 전교조의 법외노조화를 시도해 본격적으로 '전교조 죽이기'에 나서는 등 반동적 정책으로 선회했다.

이런 가운데 세월호 참사와 2014년 지방선거에서 진보적 성향의 교육감 13명이 대거 당선된 것은 교육계에 커다란 충격을 줬다. 게다가 정부의 전교조 법외노조 결정과 이에 대한 법원의 무효 판결 또한 상당한 반향을 일으켰다. 이번 조사는 이런 격랑의 와중에 실시되었다.

3. 교사의 정치·사회의식 변화

1) 정치적 성향

(1) 주관적 정치 성향

주관적 정치 성향을 묻는 질문에 응답한 결과를 보면 대체로 교사들은 자신을 진보적이거나 중도적이라고 생각하고 있는 것으로 나타났다. 2014년 조사결과를 기준으로 전체 응답자 가운데 진보적이라고 한 응답이 48.8%, 중도적이라고 한 응답이 36.8%, 보수적이라고 한 응답이 14.4%로 나타났다. 이를 5점 척도로 나타내면 일반 교사는 3.13점, 조합원은 3.71점으로 차이가 상당히 큰 것을 알 수 있다(〈표 4-2〉).

<표 4-2> 주관적 정치 성향

(단위: %)

구분		평균[1]	표준[2]편차	아주 보수적이다	어느 정도 보수적이다	중도적이다	어느 정도 진보적이다	아주 진보적이다	유효 사례 수
구분	일반 교사	3.13	0.788	1.4	19.8	44.5	33.0	1.3	627
	조합원	3.71	0.736	0.4	5.4	27.2	56.9	10.1	497
연령	20대	3.22	0.731	-	15.9	48.3	33.8	2.1	145
	30대	3.38	0.785	0.8	12.7	37.5	45.4	3.7	355
	40대	3.49	0.797	0.5	10.7	35.1	46.8	6.8	365
	50대 이상	3.35	0.914	2.4	16.5	31.9	42.5	6.7	254
급별	초등학교	3.57	0.824	0.4	11.4	28.0	51.1	9.1	264
	중학교	3.30	0.817	1.2	15.7	38.5	41.1	3.6	338
	고등학교	3.35	0.796	1.2	12.8	40.4	41.6	4.1	517
전체		3.39	0.817	1.0	13.4	36.8	43.6	5.2	1,123

주: 1) '아주 보수적이다' 1점, '아주 진보적이다' 5점으로 환산한 값임.
   2) p<0.05

<그림 4-1> 주관적 정치 성향(2005, 2014)

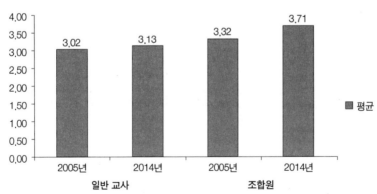

주: 1) '아주 보수적이다' 1점, '아주 진보적이다' 5점으로 환산한 값임.
   2) p<0.05

연령별로는 40대가, 급별로는 초등학교가 더 진보적인 성향을 가진 것으로 나타났다. 이런 주관적 정치 성향은 교육정책이나 사회 경제 정책에 대한 의식에 대한 교차분석 결과와 비슷한 경향을 보이고 있다.

2005년 조사와 비교하면 일반 교사의 진보적 성향은 3.02점에서 3.13점으로 약간 증가하고 조합원의 경우는 3.32점에서 3.71점으로 크게 증가한 것으로 나타났다(〈그림 4-1〉). 한 개인의 주관적 정치적 성향은 그가 속한 사회의 이데올로기 지형에 따라 상대적이다. 박근혜정부 때의 이데올로기 지형이 2005년 노무현정부 때보다 더 보수적인 쪽으로 이동했기 때문에 상대적으로 진보적 성향이 증가한 것으로 해석할 수 있다.

특히 조합원의 진보적 성향이 크게 증가한 것은, 전교조에 다소 우호적이었던 노무현정부와 노골적으로 적대한 박근혜정부의 차이를 반영한 것으로 보인다.

(2) 투표 성향

2014년 지방선거에서 정당투표 성향을 보면 일반 교사와 조합원 사이에 큰 차이가 있다. 일반 교사의 경우 새정치민주연합 55.3%, 새누리당 14.1%, 통합진보당 5.8% 순으로 나타난 반면, 조합원의 경우 새정치민주연합 33.5%, 통합진보당 23.6%, 정의당 18.9% 순으로 나타났다(〈그림 4-2〉).

연령별로는 40대가 진보적인 정당에 상대적으로 더 많이 투표한 것으로 나타났으며, 성별로는 남성이 여성보다 상대적으로 진보적인 투표 성향을 보였다.

〈그림 4-2〉 투표 성향

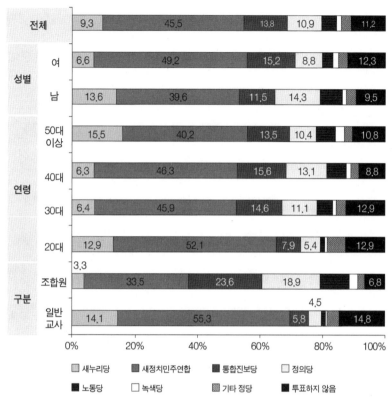

주: p⟨0.05

(3) 지지정당

지지정당을 물어본 결과, '지지정당 없다'는 대답이 전체 응답자의 59%로 절반을 넘는 것으로 나타났으며, 일반 교사는 65.4%에 달했다. 지지정당이 있는 경우에는 일반 교사는 새정치민주연합 23.6%, 새누리당 5.4% 순으로 나타났고, 조합원은 새정치민주연합 17.6%, 정의당 13.1%, 통합진보당 10.4% 순으로 나타났다. 하지만 지지 비율은 낮은 수준이다(〈그림 4-3〉).

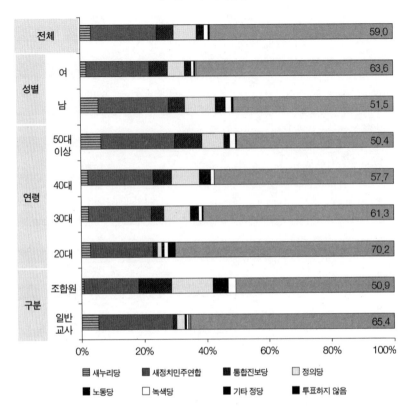

〈그림 4-3〉 지지정당

주: p⟨0.05

　　주관적 정치적 성향과 투표 성향 및 지지정당 사이에 상관관계가 나타나
는 것은 예상할 수 있는 일이지만, 투표 성향과 지지정당 사이의 격차는 아
직 한국 정치에서 정당 정치가 제대로 뿌리내리지 못한 것을 반영한다고 볼
수 있다.

2) 사회경제 정책에 대한 견해

(1) 규제완화와 민영화

신자유주의 정책의 핵심 가운데 하나인 규제완화와 민영화에 대해서는 찬성이 23.4%, 반대가 56.2%로 반대 응답률이 더 높았는데, 일반 교사보다 조합원의 반대 응답률이 훨씬 더 높게 나타났다(〈표 4-3〉). 2005년 조사에서는 "국가경쟁력을 위해 기업 활동에 대한 규제를 더 완화해야 한다"라는 문항에 일반 교사는 찬성 응답이 51.1%로 높았으나, 2014년 조사에서는 '규제완화와 민영화'에 대해 29.8%만이 찬성한다고 응답하고 45.8%가 반대한 점은 주목할 만하다. 이는 지난 10년간 신자유주의 정책의 이데올로기적 성격이 대중에게 폭로되어온 사실을 반영하는 것으로 보인다.

〈표 4-3〉 규제완화와 민영화

(단위: %)

구분		찬성	반대	잘 모름	계
구분	일반 교사	29.8	45.8	24.4	100
	조합원	12.2	76.2	11.6	100
연령	20대	15.1	63.7	21.2	100
	30대	18.4	62.3	19.3	100
	40대	19.7	62.3	18.0	100
	50대 이상	33.2	48.8	18.0	100
급별	초등학교	25.3	58.4	16.3	100
	중학교	19.8	59.9	20.4	100
	고등학교	15.3	66.4	18.3	100
전체		23.4	56.2	20.4	100

주: p〈0.05

(2) 비정규직 문제

"경제성장을 위해서 비정규직은 불가피하다"라는 문항에 대한 응답은 전체적으로 찬성률이 10.2%에 불과했던 반면, 반대 응답 비율은 70.4%에 달했다. 일반 교사보다 조합원의 반대 비율이 더 높았고, 급별로는 초등학교가 반대 비율이 더 높게 나타났다(〈표 4-4〉).

2005년과 2014년의 조사결과를 비교하면, 일반 교사의 찬성 비율은 30%에서 15.1%로, 조합원의 찬성비율은 22.3%에서 4%로 감소했다(〈그림 4-4〉).

〈표 4-4〉 비정규직 문제

(단위: %)

구분		찬성	반대	잘 모름	계
구분	일반 교사	15.1	59.2	25.7	100
	조합원	4.0	84.4	11.5	100
급별	초등학교	10.3	76.8	12.9	100
	중학교	9.3	66.5	24.3	100
	고등학교	10.9	69.5	19.6	100
전체		10.2	70.4	19.4	100

주: $p < 0.05$

〈그림 4-4〉 비정규직 문제(2005, 2014)

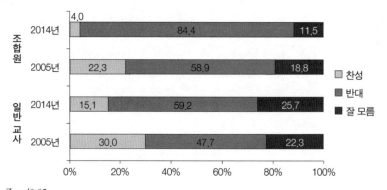

주: $p < 0.05$

이는 비정규직 문제에 관한 사회적 관심이 증대한 것을 반영한 응답으로 해석된다.

(3) 국가보안법 폐지

많은 교사가 사상과 표현의 자유를 억압하는 대표적인 악법인 국가보안법이 폐지되어야 한다는 의견을 갖고 있는 것으로 나타났다. "국가보안법은 폐지되어야 한다"라는 문항에 대해 찬성은 55.6%인데 비해 반대는 16.2%에 불과하다. 국가보안법 폐지에 대한 조합원의 찬성률은 일반 교사보다 훨씬 높게 나타났다(〈표 4-5〉). 연령별로는 40대, 50대 이상, 30대, 20대 순이며 성별로는 여성보다는 남성이 폐지 찬성률이 높게 나타났다. 2005년 조사와 비교해보면, 일반 교사는 2005년 31.5%에서 2014년 40.9%로 큰 차이가 없었으나 조합원은 같은 기간 52.4%에서 73.9%로 변해 폐지 찬성률이 크게 증가한 것으로 나타났다(〈그림 4-5〉).

〈표 4-5〉 국가보안법 폐지

(단위: %)

구분		찬성	반대	잘 모름	계
구분	일반 교사	40.9	22.1	37.0	100
	조합원	73.9	8.9	17.2	100
연령	20대	32.4	19.3	48.3	100
	30대	53.6	13.1	33.3	100
	40대	63.2	13.6	23.1	100
	50대 이상	61.4	21.9	16.7	100
성별	남	60.2	20.5	19.3	100
	여	52.6	13.5	33.8	100
전체		55.6	16.2	28.2	100

주: $p < 0.05$

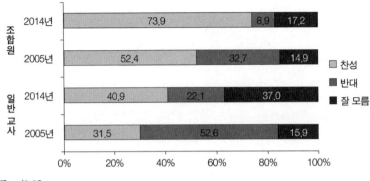

〈그림 4-5〉 국가보안법 폐지(2005, 2014)

	찬성	반대	잘 모름
조합원 2014년	73.9	8.9	17.2
조합원 2005년	52.4	32.7	14.9
일반교사 2014년	40.9	22.1	37.0
일반교사 2005년	31.5	52.6	15.9

주: p<0.05

(4) 대북 지원과 투자

"북한의 정책에 관계없이 대북 지원과 투자는 계속되어야 한다"라는 문항에 대해서는 찬성 응답 비율이 59.4%, 반대 응답이 22%로 나타났다(〈표 4-6〉). 조합원의 찬성률이 높았고, 연령별·성별로도 다른 정책들과 같은 경향을 보이고 있다. 2005년 조사와 비교해보면, 일반 교사는 2005년 47.5%에서 2014년 46.8%로 큰 차이가 없었으나 조합원은 같은 기간 62.7%에서 75.4%로 변해 찬성률이 크게 증가한 것으로 나타났다(〈그림 4-6〉).

〈표 4-6〉 대북 지원과 투자

(단위: %)

구분		찬성	반대	잘 모름	계
구분	일반 교사	46.8	29.9	23.3	100
	조합원	75.4	12.1	12.5	100
연령	20대	32.6	44.4	22.9	100
	30대	54.2	22.6	23.2	100
	40대	69.6	14.2	16.2	100
	50대 이상	67.2	20.0	12.8	100

성별	남	63.1	23.7	13.1	100
	여	57.1	21.0	21.9	100
전체		59.4	22.0	18.5	100

주: p〈0.05

〈그림 4-6〉 대북 지원과 투자(2005, 2014)

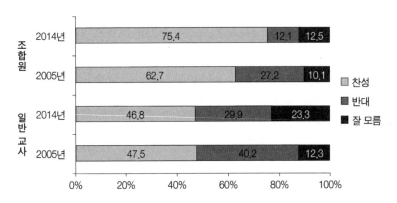

주: p〈0.05

(5) 원자력 정책

"안정적인 에너지공급을 위해 원자력은 필요하다"라는 문항에 대한 응답
은 찬성 응답 비율이 21.1%인데 비해 반대 응답 비율은 60.7%에 달하는 것
으로 나타났다(〈표 4-7〉). 일반 교사에 비해 조합원의 반대 비율이 훨씬 높
게 나타났다. 연령별로 봤을 때 40대의 반대 비율이 높은 것은 다른 사안과
크게 다르지 않은데, 성별로 여성의 반대 비율이 남성보다 높아 다른 정부
정책에 대한 견해와는 상이하게 나타났다. 여성이 남성보다 원자력으로 인
한 위험에 대한 관심이 더 크기 때문인 것으로 해석할 수 있다.

<표 4-7> 원자력 정책

(단위: %)

구분		찬성	반대	잘 모름	계
구분	일반 교사	31.2	45.6	23.1	100
	조합원	8.5	79.6	11.9	100
연령	20대	30.8	42.5	26.7	100
	30대	19.1	60.4	20.5	100
	40대	15.9	68.2	15.9	100
	50대 이상	25.4	61.1	13.5	100
성별	남	29.5	56.6	13.9	100
	여	15.9	63.2	20.9	100
급별	초등학교	18.0	70.1	11.9	100
	중학교	20.1	59.8	20.1	100
	고등학교	23.5	56.4	20.0	100
전체		21.1	60.7	18.2	100

주: $p < 0.05$

(6) 게임 규제

"게임중독을 막기 위해 게임규제가 필요하다"라는 문항에 대해서는 찬성 응답 비율이 65.2%, 반대 응답 비율이 21.3%로 나타나 찬성 비율이 더

<표 4-8> 게임 규제

(단위: %)

구분		찬성	반대	잘 모름	계
구분	일반 교사	69.1	19.9	11.0	100
	조합원	60.3	23.1	16.6	100
성별	남	58.6	27.3	14.1	100
	여	69.4	17.5	13.1	100
전체		65.2	21.3	13.5	100

주: $p < 0.05$

높게 나왔으며(〈표 4-8〉), 조합원보다 일반 교사의 찬성률이 다소 높게 나타났다. 연령별, 성별, 학교 급별 교차분석에서는 유의미한 차이가 나타나지 않았다.

(7) 동성결혼 합법화

"동성결혼을 합법화해야 한다"라는 문항에 대해서는 찬성 비율이 35.2%, 반대 비율이 32.5%로 찬성과 반대가 비슷한 가운데 찬성이 약간 우세하게 나타났으며(〈표 4-9〉). 조합원의 찬성률이 일반 교사보다 훨씬 높았다. 연령별로는 높은 연령층이, 성별로는 여성이 동성결혼 합법화에 약간 더 우호적인 것으로 나타났다.

〈표 4-9〉 동성결혼 합법화

(단위: %)

구분		찬성	반대	잘 모름	계
구분	일반 교사	24.7	41.0	34.3	100
	조합원	48.4	21.9	29.7	100
연령	20대	46.6	39.0	14.4	100
	30대	62.4	21.6	16.1	100
	40대	67.7	18.8	13.5	100
	50대 이상	75.8	14.7	9.5	100
성별	남	31.1	40.4	28.5	100
	여	37.7	27.6	34.7	100
전체		35.2	32.5	32.3	100

주: $p < 0.05$

(8) 세월호특별법

"세월호 참사 진상규명을 위한 기소권, 수사권이 보장된 특별법이 제정되어야 한다"라는 문항에 대해서는 찬성 응답 비율이 76%, 반대 응답 비율

〈표 4-10〉 세월호특별법

(단위: %)

구분		찬성	반대	잘 모름	계
구분	일반 교사	66.0	14.1	19.8	100
	조합원	88.3	4.2	7.5	100
연령	20대	68.5	13.7	17.8	100
	30대	76.4	6.6	17.0	100
	40대	81.4	7.2	11.4	100
	50대 이상	71.8	15.5	12.7	100
성별	남	71.2	13.0	15.8	100
	여	79.0	7.6	13.4	100
급별	초등학교	82.4	8.0	9.6	100
	중학교	73.4	12.7	13.9	100
	고등학교	74.5	8.6	16.9	100
전체		76.0	9.7	14.3	100

주: p〈0.05

이 9.7%로 찬성이 압도적으로 높게 나타났다(〈표 4-10〉). 일반 교사의 찬성률에 비해 조합원의 찬성률이 상당히 높았다. 연령별로는 40대가, 성별로는 여성이 상대적으로 높게 나타났다.

(9) 교원·공무원의 정치기본권

"교원·공무원의 정치기본권은 보장되어야 한다"라는 문항에 대해서는 81.6%가 찬성, 12.6%가 반대하는 것으로 나와 찬성 응답 비율이 압도적이었다(〈표 4-11〉). 일반 교사보다 조합원의 찬성률이 상당히 높았고, 연령별로는 연령층이 높을수록 찬성률이 높게 나타났다.

끝으로, 〈그림 4-7〉은 여러 사회경제 정책에 대한 찬성률을 비교해 교사들의 의식을 한눈에 볼 수 있도록 나타낸 것이다.

<표 4-11> 교원·공무원의 정치기본권

(단위: %)

구분		찬성	반대	잘 모름	계
구분	일반 교사	74.3	7.2	18.6	100
	조합원	90.7	4.1	5.3	100
연령	20대	67.6	10.3	22.1	100
	30대	80.7	4.9	14.4	100
	40대	83.4	4.7	11.9	100
	50대 이상	87.9	6.1	6.1	100
전체		81.6	12.6	5.8	100

주: p<0.05

<그림 4-7> 사회경제 정책들에 대한 견해(찬성률 비교)

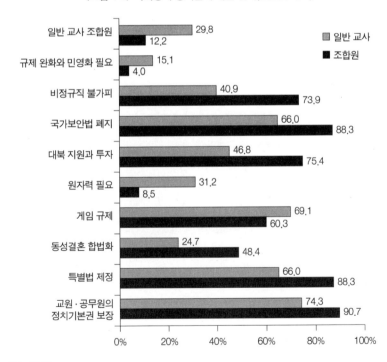

주: p<0.05

4. 결론

교사들의 정치적 성향은 대체로 진보적인 것으로 나타났는데, 2005년 조사보다 진보적 성향이 더 강화된 것을 알 수 있다. 이처럼 교사의 주관적 정치 성향이 진보 쪽으로 이동한 요인으로는 적어도 두 가지 요인을 생각해볼 수 있다. 일반 교사와 조합원 모두 진보적 성향이 증가한 것은 약 10년 사이에 한국사회가 우경화된 것에 대한 반사 작용이 주요한 요인으로 작용했다고 생각된다. 일반 교사보다 전교조 조합원의 진보적 성향이 크게 증가한 것은 그런 환경적 요인과 더불어 약 10년 동안의 조합원 구성의 변화가 영향을 미친 것으로 보인다. 즉, 2005년에 9만 2000명이었던 조합원이 2014년에는 5만 4000명으로 줄어들어, 이른바 조합원이 '소수정예화'된 것이 크게 작용한 것이다. 탈퇴한 조합원은 상대적으로 진보적 성향이 약한 조합원일 가능성이 크기 때문이다.

연령별로 40대가 진보적 성향이 더 높게 나타났다. 이는 2005년 조사와 비슷한 결과인데, 40대의 세대 경험이 주로 작용한 것으로 보인다. 학교 급별로는 2005년 조사에서는 고등학교가 가장 진보적인 성향으로, 초등학교가 가장 보수적인 성향으로 나타났었다. 하지만 2014년 조사에서는 초등학교가 가장 진보적인 성향을 가진 것으로 나타났는데 이는 주목할 만하다. 이렇게 변화한 정확한 원인은 알 수 없지만, 두 가지 요인을 생각해볼 수 있다.

하나는 교사 충원 통로인 교원 임용고시의 부담이 초등학교가 중등학교보다 상대적으로 덜하다는 점이다. 중등학교 임용고시는 그 경쟁이 갈수록 심해져 몇 년씩 고시 공부에 매달리다 보면 교사로 임용될 즈음에는 탈진하다시피 한 경우가 많은 것에 비해, 초등학교 임용고시는 부담이 있기는 하지만 중등학교보다 상대적으로 덜하다고 볼 수 있기 때문이다. 무릇 진보적 성향의 핵심은 변화를 향하는 의식인데, 임용고시 부담이 그런 성향을 무디게 만드는 요인으로 작용할 것이라는 점은 쉽게 짐작할 수 있다. 다른 하나는 대학입시의 압박이 갈수록 커지는 가운데 초등학교가 대학입시로부터 상대적으로 거리가 멀고 동 학년 교사 모임이 활성화될 수 있는 가능성이 크다는 점이다.

교사들의 일상적인 교류는 현실의 교육문제에 대한 올바른 인식을 획득할 수 있는 계기가 되어 현재의 교육 모순을 해결하려는 의식을 형성하는 토대로 작용할 수 있을 것이다. 교사들의 투표 성향과 지지정당에서 나타난 객관적인 정치의식을 보면 교사가 현재 한국의 정치지형에서 진보적인 집단임을 알 수 있다. 다만, 교사들은 보수적인 정당보다는 자유주의 정당이나 진보정당에 대한 압도적인 지지율을 보여주고 있지만, 한편으로는 반 이상의 다수가 지지정당이 없다고 응답하는 모습도 함께 보여주고 있다. 이는 아직 한국의 정당 체제가 사회계급과 집단의 이해관계를 제대로 반영하지 못하고 있다는 점을 간접적으로 증명하는 것이다.

쟁점이 되고 있는 여러 사회경제 정책들에 대한 교사의 의식은 상대적으로 진보적인 정치적 성향을 잘 반영하고 있다. 지난 10년 동안 강도 높게 추진되어온 각종 신자유주의 정책들, 그중에서도 규제완화와 민영화 및 비정규직화에 대한 반대 의식이 10년 전보다 더 커진 것은 그동안 신자유주의 정책의 본질이 널리 알려지고 그 폐해가 드러났기 때문이라고 해석된다. 남북관계 사정이 노무현정부 때보다 이명박정부와 박근혜정부 때 더 악화되었음에도 불구하고, 국가보안법 폐지에 대한 의식은 10년 전보다 더 강화된 것도 눈여겨볼 대목이다. 그 외에 다른 여러 가지 사회경제 정책에서도 교사들은 대체로 진보적인 성향을 보여주었으며 일반 교사보다 전교조 조합원의 의식이 일관되게 더 진보적인 것으로 나타났다.

제5장

국경이라는 디스토피아적 환상에 대한 대안
국경화된 자본주의에 저항하는 무국경 운동

장대업 | 서강대학교 국제한국학과

1. 서론

2015년 4월 19일, 900여 명의 난민을 싣고 유럽으로 향하던 선박이 지중해에서 전복되어 700여 명이 숨졌다. 이 비극적인 사고 후, 유럽의 정치 지도자들은 지중해에서 반복되고 있는 인도주의적 위기들의 대안을 논의하기 위해 룩셈부르크에 모였다. 하지만 그 회의를 지배한 것은 책임보다는 비방이었고, 인명손실에 대한 우려보다는 통제할 수 없는 군중의 이동에 대한 공포였다. 회의에 모인 지도자들은 이 비극이 일어나기 얼마 전, 당시 운용 중이었던 '마레 노스트럼(Mare Nostrum)'이라고 명명된 난민선 순찰 및 구출 작전을 폐기하고, 이를 전보다 훨씬 제한된 영역에서 난민선 순찰과 구출만을 수행하고 비용이 약 1/3 밖에 들지 않는 '트리톤(Triton)' 작전으로 대처했다. 전쟁과 빈곤을 피해 북아프리카로부터 이주하는 난민을 어떻게 해서든 막고자 했던 그들의 결정이 사실상 4월 19일의 참사를 도와준 셈이었다.

우리는 자본주의에는 더 이상 국경이 없으며, 자본과 상품의 자유로운 이동이 극에 달한 역사적인 순간을 살고 있다는 말을 듣는다. 또 한편에서는 기본적인 필요와 인간다운 삶을 위해 탈출하려는 사람들을 계속해서 죽게 만드는 국경들을 목격한다. 일자리와 안정을 찾아 탈출을 감행하는 이들에게 국경이란 그들의 여정 저편에서 기다리고 있는 극복하기 어려운 도전이다. 그들에게 국경은 자신들을 보호하기 위해 존재하는 것이 아니라, 죽이고 훈육하고 착취하기 위해 존재하는 것으로 좀 더 명확히 드러난다.

이 '지구적 자본주의'와 이것의 주요한 관리체제로서의 '국경'의 야만적인 성격은 자본주의의 역사를 관통하는 특징 중 하나이다. 이런 국경이 갖고 있는 힘은 어디에서 연유하는가? 국경에 대한 대안은 무엇인가? 이 글은 이런 질문들에 답하고자 한다. 먼저, 국경을 지구적 자본주의의 사회관계를 재생산하는 핵심적 제도이자 물신주의적 사회형태로 규정하는 노동의 국경 이론을 발전시킨다. 둘째로, 자주 제안되고 있는 국경에 대한 유사대안들을 비판적으로 논의한다. 이 글의 마지막 부분에서는 국경화한 자본주의에 대한 대안으로 '무국경 대안'을 제안한다. 그리고 무국경 대안의 비전과 주체, 경험과 전략 등을 논의할 것이다.

2. 노동과 국경

자본주의적 발전은 노동이 매우 특수한 형태의 이동성을 갖기를 요구한다. 먼저 자본주의는 다양한 종류의 스케일(scale)에서 운영되는 노동시장의 원활한 기능을 위해서 노동의 유동성을 요구한다. 일국적·지역적·지구적 노동시장은 모두 노동이 유동적이지 않고는 작동할 수 없다. 하지만 노동의 과도한 유동성, 즉 노동이 착취의 공간들로부터 탈출하고자 하는 과도한 유동성은 자본주의의 재생산에 위협이 된다(Papadopoulos, Stephenson and Tsianos, 2008). 자본주의의 탄생은 사람들이 토지에 대한 구속으로부터 풀려나면서 시작된다. 하지만 노동인구는 단순히 운동 상태에 귀속되는 것이 아니라, 특수한 형태의 운동 상태에 귀속된다. 토지로부터 '해방'된 노동인구는 새롭게 등장한 자본에게 1세대 산업노동자로 공급되기 위해 다시금 특정한 착취의 공간 안에서 재영토화되어야만 했다. 따라서 유럽에서는 자본의 시초축적 기간에 정착하지 않고 떠도는 가난한 군중을 중대한 위협으로 간주했다(Anderson, 2011). 이렇게 토지로부터 '해방된' 빈곤인구의 이동을 통제하려는 국가와 자본의 반복적인 노력은 부랑자들에 대한 잔인한 통제조치들에서 발견된다(Federici, 2004; Marx, 1976; Linebaugh and Rediker, 2012: 18~19). 주인에게 복속되는 것을 거부하고 착취의 공간을 벗어나려 했던 빈민들은 체포되고 고문을 받았으며 덧없이 죽임을 당했다. 그 후 자본주의의 역사는 계속해서 변화하는 노동의 유동성과 노동의 봉쇄 사이의 균형으로 점철된다.

이렇게 필수 불가결한 유동노동의 착취와 가치증식의 요구를 벗어나려는 노동의 과도한 유동성 사이에서 비롯하는 갈등은 자본주의의 근본적인 딜레마인데, 이것이 자본주의로 하여금 내가 가치증식의 경계들(혹은 국경들, valorisation borders)이라고 부르는 것들을 만들고 유지하도록 강제한다. 이 가치증식의 경계들은 노동의 유동성을 노동이 자본의 가치증식 과정에서 쓰일 수 있게 하면서도, 동시에 다양한 자본주의의 통치 제도들에 의해 수행되는 이런 필요들에 대한 정치적 관리를 약화시키지 않도록 조정하는 기능을 한다. 가치증식의 경계들은 궁극적으로 하나의 필터와 같은 역할을 하는데, 누가 언제 이동할 수 있는지를 어떻게 이동할 수 있는지를 이동을 어떻게 허락받을 것인지를 결정한다.

국경을 넘어가는 노동의 과도한 유동성은 결과적으로 가치증식의 경계들을 넘어선 것이며 따라서 쉽게 범죄화되고 이런 이동에 연루된 사람들은 종종 자원과 서비스 권리들로부터 배제당한다. 가치증식의 경계들은 진화하면서 다양한 형태를 띠게 된다. 19세기 말부터 20세기 초까지 번영했던 민간 플랜테이션(plantation)에서 일하기 위해 중국과 인도의 쿨리(coolie) 수십만 명이 자바 섬과 수마트라 섬으로 이주했을 때, 가치증식의 경계는 국경이 아니었다. 이들 노동자들을 세상으로부터 격리하는 경계는 차라리 네덜란드의 식민영토 안에 있는 거대한 열대원시림의 한가운데 그어졌다. 그들은 중국이나 인도처럼 먼 곳에서 네덜란드령으로 들어오는 것은 허용되었지만, 그들이 일하고 있는 플랜테이션의 경계를 넘는 것은 허용되지 않았다(Breman, 1989). 오랜 여행 뒤, 이들에게 주어진 일들은 '자유임금 노동자'의 그것보다는 노예의 그것과 더 많은 특징을 공유했다. 인도네시아 군도 안에서 국경관리는 존재하지 않았으나, "노예계약노동(indentured labour)1)의 사용은 현실적으로 유동성을 제약했고 시장의 자유로운 운영을 막았다"(Kaur 2004: 53). 반노예적 계약이 사실상 가치증식의 경계 역할을 한 것이다.

---

1) 고용주가 피고용자에게 이주에 들어가는 비용을 대주거나 아동의 경우 생활비 혹은 양육비를 대주는 조건으로 특정 계약기간에 피고용자의 노동력을 무임으로 사용할 수 있는 노동계약.

3. 국경들

현대자본주의에서는 국민국가의 국경들이 자본주의적 노동의 특이한 유동성을 관리하는 역할을 하는 핵심적인 가치증식의 경계 역할을 수행한다. 지구적 자본주의를 통치하는 국민국가체계는 다른 무엇보다 국민국가라는 착취의 공간 안에 일국적 노동력을 가둬두는 역할을 수행하는 국경에 의존한다. 국민국가들은 또한 국경 안으로의 과도한 노동 유입과 노동유동성을 억제하기 위해서 새로운 종류의 국경관리를 도입한다. 외부로부터 들어오는 노동의 움직임을 막기 위해서 국민국가들이 사용하는 도구들은 종종 잔인하고 폭력적일 수 있는데, 인종주의적 차별, 감금, 고문과 강제추방 등이 그것들이다. 한편 국경들은 종종 노동이 일국적 착취공간으로 유입되는 것을 자본축적이 요구하는 필요에 따라서 허락하기도 한다. 이런 관점에서 현대자본주의는 '국경화된 자본주의(bordered capialism)'라고 정의될 수 있다.

그러나 유동노동을 영토화하려는 계속되는 시도가 낳은 아마도 가장 위대한 산물인 국민국가체계의 국경조차도 과도한 노동유동성의 위협을 관리하는 것에는 전혀 완벽하지 않다. 이런 국민국가의 국경들이 확실히 노동의 이동을 좀 더 비싸고 힘들고 위험한 과정으로 만들었음은 틀림없는 사실이지만, 그렇다고 해서 국경들이 국민국가의 영토적 경계 안에서 혹은 그것을 넘어서는 곳에서 증가하는 유동노동의 흐름을 막고 있다고는 할 수 없다. 사람들은 어찌 되었든 이동한다. 이 노동의 항상적인 이동과 노동유동성의 불규칙성은 국민국가들로 하여금 끊임없이 유동노동을 재영토화하도록 강제한다. 이런 방식으로 일국적 착취공간은 관리되고, 끊임없이 도전을 받는다(Papadopoulos, Stephenson and Tsianos, 2008: 204).

가치증식 경계의 공간적이고 제도적인 형태로서의 국경은 이주의 산물이다. 우리가 알고 있는 현대 국경의 제도적인 장치들, 즉 여권통제, 이주관련 법들, 영주권 등등은 이주를 통제하기 위한 다양한 노력의 산물이다. 이런 제도적 장치들의 역사는 놀라울 정도로 짧다. 대부분의 유럽 국가들은 국경 통제를 20세기의 처음 20년 동안 도입했다. 이 시기 이전에는 영토적 경계들은 느슨하게 경비되었고 개인 여행자들이 여권을 소지한 채 여행하는 것은 드문 일이었다(Morris-Suzuki, 2006: 11). 국경이 인간의 이동 자체를 막는 것은 아니라는 점을 인식하는 것은 중요하다. 오히려 가치증식 경계의 형태로서 국경은 누구는 막고 누구는 들이는 필터 장치의 역할을 한다. 영토 안에서 인구의 자유로운 이동을 막는 통제기제들이 빈민을 상대로 했던 것처럼, 현대의 국경들도 특정한 대상만을 통제의 대상으로 삼고 있다.

국경과 국경 간 이동에 대한 제약은 처음에는 외국의 급진주의자들의 '반체제적 이주(subversive migration)'를 방지하기 위한 안보적 고려에서 자국에 소개되었다. 일례로 잉글랜드가 1793년 도입한 첫 번째 외국인 법(Aliens Bill)은 프랑스혁명 이후, 프랑스로부터 혁명가들이 들어올 가능성에 대한 증가하는 공포 속에서 제정되었다(Torpey, 2000: 94). 잉글랜드의 국경통제는 제1차 세계대전 중 반체제 인사와 간첩의 유입을 막기 위해서 강화되었다(Morris-Suzuki, 2006: 13). 볼셰비키혁명 역시 선진 자본주의 국가들의 반체제적 이주에 대한 공포를 증가하는 것에 일조했다(Morris-Suzuki, 2006: 13). 일본이 20세기 초에 도입한 국경통제 역시 일본의 국익을 저해할 가능성이 있는 반체제적인 외국인들의 유입을 막기 위한 노력의 일부였다. 1950년대 초반 한반도와 중국 대륙에서의 공산주의의 확장은 일본으로 하여금 1951년 이주통제조례를 제정하게 해 국경통제를 강화하도록 만들었다(Morris-Suzuki, 2006: 17).

다른 무엇보다 강력한 가치증식의 경계로서의 국경은 계급적인 제도이다. 반체제적 이주를 막기 위해 고안된 국경통제는 노동의 이동을 통제하기 위한 좀 더 광범위한 제도적 장치들로부터 분리될 수 없다. 사실, 국경통제의 대상이 되는 사람 중 대부분은 가난한 국가로부터 이주하는 가난한 노동자들이다. 예를 들면 일본의 초기 국경체제는 상당 부분 한국 등 식민지로부터의 인구의 흐름을 통제하기 위한 제국정부의 끊임없는 노력의 결과물이었다. 국경이 노동인구의 흐름을 관리하는 중요한 제도로 자리 잡는 동안, 복잡한 인구분류체계 또한 개발되기 시작했다(Kim, 2014). 전후의 일본정부는 이렇게 개발된 국경체제를 1950년대와 1960년대에 걸쳐 한국으로부터의 '불법' 노동이주를 억제하는 데 사용했다(Morris-Suzuki, 2006: 17). 다른 예로 영국의 1905년 외국인 법은 가난하다는 이유로 바람직하지 않은 이주민으로 구분된 비영국인의 입국을 거절한다는 점을 명시하고 있다(Anderson, 2013). 노동자계급 인구의 월경이 묵인될 때에도 그들은 온전한 인간으로 취급되는 것이 아니라 노동력의 담지자로만 취급된다.

전후 경제호황시기, 유럽이 노동력 부족 문제를 해결하기 위해 도입해 한때 유럽에서 무척 유행했던 '게스트노동제(Gastarbeiter System)'라는 것이 있다. 이 제도는 얼마나 오래 초청국에 거주하는지와는 상관없이, 그들이 영주할 수 있는 권리를 거부하는 국가들 간의 조약에 따라 노동자계급 인구의 유·출입을 철저하게 관리했다. 아마도 국경이 계급제도로 작동하는 것의 가장 좋은 예는 최근 영국이나 오스트레일리아 등의 국가가 외국자본을 끌어들이기 위해 앞다퉈 도입하고 있는 소위 '투자이민제도'일 것이다. 이것이 주는 메시지는 '이주는 계급의 문제'라는 것이다. 최근의 국경통제는 선진국 국가들이 보여주는 '이민에 관한 근심은 결국 세계의 가난한 사람들에 대한 불안감'이라는 사실을 명징적으로 보여준다(Anderson, 2014: 9). 이런 의미에서 국경은 언제나 계급제도로 존재해왔다.

가장 강력한 가치증식의 경계로서의 국경은 동시에 인종적 제도로 존재한다. 국경은 처음부터 인종적 제도로서 기능했다. 모든 선진자본주의 경제에서 엄격한 국경관리는 단순히 가난한 사람들의 이동을 막기 위해서 고안된 것뿐만 아니라, 좀 더 정확하게는 특정한 피부색을 갖고 있고 특정한 민족에 속하는 가난한 사람들의 이동을 막기 위해 고안된 것이며, 각기 다른 곳으로부터 이주하는 노동자계급의 인구 사이에 일종의 인종적 위계질서를 만들어내기 위한 것이다. 인종적 범주들과 인종적 위계질서는 원래 유럽식민주의의 산물로서 식민주의자들이 식민지 토착민에 대한 지배를 자연스러운 것으로 정당화하기 위해서 사용되었다. 백인 우월성이 식민지 통치의 하나의 중요한 정당화 수단이 되면서, 외부의 이질성에 대한 백인의 동질성을 내적으로 구축하고 유지하는 것이 식민화에 나선 유럽 국가들의 중요한 관심사가 되었다(Anderson, 2013). 모리스-스즈키(Tessa Morris Suzuki)가 지적하듯이 오스트레일리아의 1901년 이민제한법은 특별히 유색인종의 이민, 특히 중국인의 이민을 막기 위해서 제정된 것이었다(2006: 11~12). 영국의 1962년 영연방이민법 역시 흑인의 이민을 그 주요 대상으로 삼는다.

　　물론 그 어떤 인종주의적 이민정책도 미국의 초기 이민정책을 따라가지는 못한다. 미연방정부는 1882년에 이민법을 도입했는데, 이 법은 범죄자, 미치광이, 바보, 그리고 사회적인 부담이 될 것 같은 사람 등의 특정한 집단의 이주를 금지하고 있다(Torpey, 2000: 97). 또한, 모든 중국인 노동자를 역시 이런 이주자 그룹에 포함시켜 미국으로 입국하는 것을 막았다. 이민법과 함께 도입된 중국인제외법(The Chinese Exclusion Act)이 그 제도이다. 이런 인종주의적 정책은 20세기 들어서 더욱 강화되었다. 1924년의 이민법은 출신국적법(The National Origins Act)과 아시아인제외법(Asian Exclusion Act)을 포함하는데, 이 법들은 모든 아시아 국가로부터의 이민을 금지하고 있다.

4. 국경물신주의와 국경화된 자본주의

현대의 국경들이 계급적이고 인종적인 제도라는 것은 몇 가지 중요한 함의를 가진다. 먼저 국경은 단순히 영토적인 관계일 뿐 아니라 더 중요하게는 사회적 관계라는 점이다. 국경은 부자와 빈자 간의, 백인과 유색인 간의 사회적 관계를 표현한다. 하지만 국경은 단순히 이런 관계들을 표현하는 것만이 아니라 더 나아가 이런 사회관계들을 물신적인 방식으로 재생산한다. 다르게 말하자면 국경은 가치증식 경계의 한 형태일 뿐만 아니라, 동시에 가치증식 경계의 물신적 형태라는 것이다. 아마도 자본주의적 사회관계의 물신주의적 재생산을 이해하기 위해서는 자본주의의 국가와 시장이 어떻게 불평등한 자본주의적 사회관계를 재생산하는가를 보는 것이 도움이 될 것 같다.

국가는 자본주의적 생산관계의 존재 형태 중 하나인데 국가라는 형태를 통해서 불평등한 계급관계로서의 자본주의적 사회관계는 개별 시민끼리의, 혹은 이익집단끼리의 정치적 관계로 치환된다(이것은 정치인들이 자본주의 사회를 시민들에게 보여주는 방식이다). 이것이 자유주의적 시각에서 이해하는, 혹은 국가에 대한 다원주의적 시각에서 이해하는 국가의 모습이다. 한편, 시장은 주류 경제학의 삼위일체 공식에서 볼 수 있는 것처럼 계급관계를 서로 다른 소득수단의 소유자들 간의 기술적이고 기능적인 관계로 보여준다(이것이 자본이 항상 시도하는 것인데 잘 될 때도 있지만 종종 실패한다). 이런 의미에서 시장은 자본주의적 사회관계가 다른 소득수단들 사이 혹은 다른 경제적 계급들 사이의 관계로 나타나고 존재하는 하나의 형태이다. 국가와 시장은 모두 불평등한 사회적 계급관계에 기반을 두고 있지만, 그들은 사회계급으로부터 독립적인 것처럼 보이고 계급중립적인 제도로 표현된다. 이런 현상은 민주적인 자본주의국가에서 더 확실하게 나타나는데, 왜냐하면 그 국가가 대표하는 시민들 간의 관계는 계급관계와 물질적 불평등의 흔적을 완전히 지우지 못한 시장과 달리, 계급과 물질적 불평등의 흔적을 거의 갖고 있지 않기 때문이다(Clarke, 1991; Chang, 2008). 결과적으로 국가는 그것이 갖고 있는 구분되는 존재 형태로 인해, 계급관계로부터 자율성을 확보한 것으로 나타난다. 국가의 수호자로서의 국경 역시 지구적 자본주의의 불평등한 사회관계를 물신화한다.

그 무엇보다 국경은 젠더화되고 인종화된 지구적 자본주의의 계급관계를 '그들'과 '우리'의 관계로 치환한다(Anderson, 2013). 국경에서 입국허가를 받으려고 기다리거나 불법체류자 수용소에서 강제추방을 기다리는 '그들'에게는 국경이 너무나 계급적이고 인종적인 제도이지만, 강력하게 보호되고 있는 국경의 안쪽 '우리'에게는 별로 그렇게 다가오지 않는다. '우리'에게 국경은 불평등한 사회관계로 나타나기보다는 현지에서 발전한 우리의 가치들, 생활방식들, 그리고 종종 인공적으로 조작된 인종적 동질성을 '그들'의 것으로부터 구분 짓는 영토적 제도로 나타난다. 가치증식 경계로서의 국경이 자본주의적 사회관계를 재생산하기 위해서 수행하는 기능은 국가와 시민의 이익을 보호하는 일종의 자연적인 기능으로 나타난다. 이렇게 함으로써 국경들은 '우리'들 사이에 내재하는 긴장관계를 희석하고, 이는 다시금 국가 형태를 통한 불평등 관계의 재생산이 획득한 물신적 성격을 증가시킨다. 여기에서 '우리'는 기본적으로 시민권 소유자들이다. 시민권은 가장 기본적으로는 일국 안에서 각종 권리와 자격에 접근을 허용하는 국민국가의 '멤버십'으로 정의될 수 있지만, 단순한 법적 지위와 자격을 지칭하는 것만은 아니다.

브리짓 앤더슨(Bridget Anderson)이 주장하듯이, 국민국가는 "단순히 그들을 법적인 지위에 의해 한데 묶어진 임의적인 사람들의 무리로 그리지 않고 공통의 이상들과 행동의 패턴을 가지고 있는 사람들로 이루어진 가치공동체 (communities of value)들로 표현한다"(Anderson, 2014: 3). 따라서 시민권은 특정한 가치공동체에 대한 멤버십이며, 국경의 역할은 특정한 가치를 공유하지 않는 부적합한 외국인을 걸러냄과 동시에 누가 허락되고 누가 허락되지 않는가를 결정함으로써 이 가치공동체를 '보호'하는 것이다. 물론, 하나의 공동체를 특별하게 만드는 가치라는 것은 정말 존재하는 것이 아니라 종종 상상되고 조작된 시민들의 공통가치들이다. 그럼에도 불구하고 이 가치들은 특정한 국민국가의 모든 시민이 가지고 있는 필수적인 덕목으로 묘사된다. 이들 가치는 국경안쪽에 살고 있는 시민들을 마치 그들 모두가 법의 지배를 존중하고 민주주의를 수호하고 테러리즘을 경멸하며 세금을 열심히 내는 근면한 노동자, 배려 깊은 부인들, 책임감 있는 남편들로 상정한다. 물론, 근면한 노동은 이주자들이 받아들여지는 데 기준이 되는 기본적인 덕목이다. 하지만 이것만 요구되는 것은 아니다. 시민이 되기 위해서 갖추어야 하는 좋은 성품(good characters)은 종종 이주자들에게 아래와 같은 사람들이기를 요구한다.

> 가부장적 가족에 반기를 들지 않는 '좋은 아내들', 올바른 성적(sexual) 각본에서 벗어나지 않는 '이성애자 사내들과 숙녀들', '좋은 자녀들'을 생산하는 데 필요한 요구사항에 걸맞은 양육을 하는 '좋은 부모들'(Anderson, Sharma and Wright, 2007: 7).

그러므로 영토적 경계를 넘어서는 것을 허용받은 사람들조차도 여전히 가치공동체가 그어놓은 여러 가지의 경계들을 마주해야 하는데, 이런 경계들은 이주자들에게 단지 이주하는 국가·도시·공동체의 경제적 필요를 충족하는 것을 요구하는 것에 그치지 않고, 그들이 원하지 않는 사람들에 관해 반대로 상상해놓은 현지의 이상형을 따를 것을 요구한다. 그 결과, 받아들여진 이주자들은 종종 이렇게 상상된 가치들의 수호자가 되려하며 좋은 시민이 되려고 애쓴다(Anderson, 2014: 6). 이렇게 함으로써 유동노동은 상상된 현지의 이상형에 어떤 위협도 미치지 못하도록 끊임없이 훈육된다. 이런 가치들을 이주자들에게 강요함으로써 국경은 또한 시민들로 하여금 그들에게 주어지는 자격과 '특혜'를 부여하는 가치공동체의 가치들을 계속해서 생각하게끔 한다. 더 나아가 국경은 그들의 권리를 기존의 법 제도 안에서 추구해야만 하는 시민 행위의 올바른 양식과 기존의 법 제도를 뛰어넘는 시민의 반체제적 행위 양식 사이에도 선을 그어 구분한다. 이렇게 해서 급진적인 사회변혁을 위한 몇 세기에 걸친 투쟁의 결과로 얻어진 시민권은 국경 안에 존재하는 현재 상태를 재생산하기 위한 반민주적 기계로 변모하고, 아직 시민이 되지 못한, 그리고 영원히 시민이 되지 못할 타자들도 훈육한다.

이런 의미에서 국경들은 지구적 자본주의 재생산에서 중심적인 역할을 한다. 국경들은 세계 노동자계급을 '우리'와 '그들'로 갈라놓는다. 국경들은 '우리'들 사이의 긴장과 갈등을 회석하는 물신주의적인 국가의 기능을 강화한다. 국경들은 끊임없이 이주자들이 가치공동체에 자신들을 맞춰나가도록 길들이고, 민주주의를 위한 투쟁의 과정에서 생성되었던 시민권의 반체제적 성격을 거세해버린다. 지구적 자본주의를 재생산하는 과정에서 국경이 차지하는 이런 중심적 역할 때문에 필자는 세계자본주의를 '국경화된 자본주의'로 이해하는 것이 필수적이라고 주장한다. 세계자본주의를 국경화된 자본주의로 이해하는 것은 변혁적 사회변화에 대해서 다른 접근법을 사용할 것을 요구한다. 자본주의를 극복하는 것은 종종 노골적인 표현이 아니라면 최소한 암묵적으로는, 단일한 구성의 시민-노동자계급이 변혁적 사회변화를 위한 혁명적 역할을 수행하는 하나의 일국적 기획으로 이해되곤 한다. 이런 관점에서는, 국제적 연대는 서로 분리된 일국적 기획들 간의 연대에 지나지 않으며, 국제주의적인 관점은 기껏해야 독자적인 일국적 기획들 사이에서 공조를 강조하는 것에 불과하다. 이런 관점은 물론 마르크스와 엥겔스가 1848년 공산당 선언에서 "만국의 노동자여 단결하라"고 요청했을 때의 의미와 부합하지 않는다.

> 노동자에게 조국은 없다. 우리는 그들이 가지고 있지 않은 것을 그들로부터 빼앗을 수 없다. 프롤레타리아는 먼저 정치적 우위를 점해야 하며 그 민족의 주도적인 계급이 되어야 하며 스스로가 민족으로 형성되어야 하기 때문에, 프롤레타리아는 지금까지는 그 자체로 — 비록 부르주아적 의미에서가 아니지만 — 민족적이다(Marx and Engels, 1848: 25).

이 서술은 지구적 노동자계급을 '우리'와 '그들'로 나누는 국경화된 자본주의와 공식적 시민권의 성립 이전에 쓰인 것이다. 하지만 그들이 주장했던 국제주의는 오늘날 우리가 이야기하는 국제주의보다 더 포괄적이고 풍부하다. 이 서술은 노동자계급이 조국이 없다고 서술함으로써 노동자계급을 위한 시민권이 부재했던 19세기 중반의 상황을 지적하는 한편, 노동자계급이 원초적으로 지구적 존재임을 명확하게 밝힌다. 마르크스와 엥겔스는 노동자계급이 형성되어가고 있던 국민국가의 주도적 계급이 되기를 촉구하고 스스로를 국민으로 형성할 것을 요구하고 있지만, 그 과정에서 어느 국민-민족의 형성이 다른 국민-민족과의 적대적 관계에서 이루어지는 부르주아적 국민국가 형성을 의미하는 것은 아니라는 것 또한 지적한다. 이는 프롤레타리아가 국경화된 자본주의의 국민국가들 안에서 일국적 노동자계급이 되는 것을 의미하지는 않는다.

하지만 불행하게도 역사는 마르크스와 엥겔스가 원하던 방향으로 나아가지 않았다. 노동자계급은 많은 국민국가에서 하나의 주요한 계급이 되었지만, 부르주아적 의미에서만 그렇게 되었다. 그와 동시에 국제주의 역시 부르주아적 의미에서 진화했다. "만국의 노동자여 단결하라"는 요구는 다른 일국적 노동자계급 간의 단결로 이해된다. 현재 자본주의를 국경화된 자본주의로 이해하는 것은 우리로 하여금 국경 안에서 자신들의 세상을 바꾸는 많은 평행하는 시도들 간의 협력으로 이해되는 국제주의를 다시 생각하게끔 해준다. 자본주의에 대한 도전은 지구적 자본주의 재생산의 핵심적인 기제로서의 국경에 대한 도전을 일국 수준에서 자본주의적 사회관계의 부정의를 극복하기 위한 시도 이후가 아니라, 그런 시도와 동시에 진행할 것을 요구한다. 그렇다면 무엇을 할 수 있을까? 우리는 어떻게 유동노동을 죽이고 착취하고 훈육하는 국경에 대한 대안을 만들어낼 수 있을까? 국경에 대한 대안은 존재하는가? 아래에서 우리는 이 점을 살펴볼 것이다. 하지만 현대의 국경에 대한 정책대안을 이야기하는 것보다는, 무엇이 국경에 대한 대안을 형성할 수 있는가에 대한 과정에 좀 더 주목할 것이다(그것이 마르크스주의적 대안과 실증주의적 대안 사이의 차이다).

5. 국경에 대한 유사대안들

대안을 이야기할 때 흔히 우리는 현실적으로 존재하는 대안들을 말하는 것을 좋아한다. 그렇게 함으로써 우리는 '아무것도 없는 것보다는 낫다'는 담론에 쉽게 빠져든다. 국경에 대한 '아무것도 없는 것보다는 나은' 대안의 전형적인 예는 소위 말하는 '다문화주의'이다. 다문화주의는 우월한 '우리'와 열등한 '저들' 간의 인종적 차별관계에 대한 차별적 관계에 대한 해결책으로 제시된 것이다. 다문화주의는 여전히 논쟁을 불러일으키고 정리되지 않은 개념이기 때문에 다양한 정의가 존재하지만, 어찌 되었든 다문화주의는 사람들이 국경 안에서 살아가는 방식의 다양성에 대한 더 많은 관용으로부터 출발한다. 이런 다양성에 대한 관용과 인정은 제2차 세계대전 이후 전 식민지 모국이 가지고 있던 ─ 많은 인종 중 특정한 인종이 만들어낸 생활방식 및 문화와 사회경제적 체제의 우월성, 그리고 종종 과학적으로 입증되었다고 주장되어온 이들 우월성의 자연화에 기반을 둔 ─ 낡은 인종주의에 대한 도전에 대한 반응으로 등장했다. 식민체제의 종식 이후에도 전 식민모국으로 흘러드는 원치 않는 사람들을 걸러내는 과정에서 하나의 지도 원리로 사용된 이런 낡은 인종주의에 도전한 것은 물론 지속적인 노동의 이동성과 유동노동의 저항이었다. 다문화주의의 이상이 국경에 대해서 가지고 있는 함의는 먼저, 국경은 더 이상 인종주의적 필터 장치가 아니라는 것이다. 만일 그렇다면 선진국들(옛 식민모국들)은 자신의 영토 안에 이렇게 다양한 민족그룹들이 구성하는 복수의 문화적 공동체를 용인하지 않았을 것이다. 둘째, 영토적 국경을 넘어온 뒤에는 더 이상 필터링도 서양적 가치의 강제도 존재하지 않는다는 것이다.

다문화주의는 단일한 개념이 아니고 가치공동체에 따라서 달라진다. 비교적 이주인구의 비중이 많은 가치공동체의 경우, 다문화주의는 동화주의(assimilationism)에 대한 대안으로 도입되었다. 또 이주에 대한 경험이 상대적으로 적고 종족민족주의(ethno-nationalism)가 강한 가치공동체들은 영토적 국경과 실제적 가치중식 경계 간의 간극을 극복하려는 노력의 일환으로 동화주의적 다문화주의를 하나의 '정치적 수사와 슬로건'으로 소개하곤 한다(Han, 2007). 이렇게 서로 다른 다문화주의는 크게는 자본주의적 사회관계의 이종적인 문화적 형태에 대한 서로 다른 관용의 정도에 따라서 구분될 수 있다. 전자의 경우 — 영국, 캐나다, 미국의 다문화주의 — 에는 자본주의적 사회관계의 다양한 문화적 형태들이 자본주의적 착취의 일국적 공간들을 위협하지 않는 한 대체로 용인된다. 그렇게 함으로써 이들 국가들은 드러내놓고 인종주의를 지지할 수 없게 되며, 이들의 다문화주의는 에티엔 발리바르(Etienne Balibar)가 말했듯 '인종 없는 인종주의(racism without races)' 혹은 '차이주의적 인종주의(differentialist racism)'라고 부르는 형태를 취하게 된다. 이런 종류의 인종주의는 과거의 식민지시대 인종주의처럼 생물학적 유전형질에 근거를 두지 않고 '문화적 차이들의 극복 불가능성(insurmontabiliity of cultural differences)' 혹은 '생활방식과 전통들의 비호환성(the incompatibility of life-styles and traditions)'에 기반을 둔다(Balibar, 1991: 21).

이런 종류의 다문화주의는 다른 문화적 배경을 가지고 있는 곳으로부터의 유동노동의 유입을 허용하지만, 그들과 섞이는 것은 거부하는 '우리'에 의해서 취해진 일종의 방어 메커니즘으로 이해될 수 있다. 호환 불가능한 다른 종류의 생활방식들과 전통들은 서로 섞이지는 않지만, 자본주의적 사회관계와 자유민주주의적 가치들을 유지하고 이상화하는 추상적인 가치들에 근거해서 평행 상태로 공존한다. 반대로 일본이나 한국에서 볼 수 있는 동화주의적 다문화주의는 자본주의적 사회관계의 다양한 문화적 형태에 대한 관용의 정도가 매우 낮으며(Kim and Oh, 2011), 단순히 기존의 가치공동체에 다른 옷을 입히는 정도에서 다문화를 용인한다. 이 경우 '외국인의 가치'는 단순히 '현지적이고, 민족주의적인 기준'에 의거해서만 인정되며(Gill, 2009: 113), 그 외국인을 유치하는 사회의 전통적인 가치를 공유하는 외국인들만이 하위 동반자로서 이 유사 다문화사회의 구성원이 된다.

좀 더 진화한 다문화주의는 국경의 변이가 가능하다는 사실을 보여준다. 이 경우 국경은 영토적인 가치증식의 경계보다 정교하고 공고하며, 이데올로기적이고 문화적인 가치증식의 경계가 된다. 다시 말해서, 영토적 국경은 어떤 의미에서는 일국의 영토 내부로 후퇴한 것이며 다양한 문화적 전통과 생활방식 사이에 다른 경계들을 그어나가고 있는 것이다. 최근 영국과 프랑스 등지에서 다문화주의의 실패에 대한 논의들이 계속 이어지고 있는데, 이는 이런 다문화주의가 '우리'와 '그들' 양자 모두에게 국경의 대한 대안이 아니었음을 인정하는 것이다. 한편 동화주의적 다문화주의는 국경화된 자본주의에 대한 어떤 위협도 되지 않으며 국경이 만들어내는 갖가지 모순들에 대한 도전도 하지 않는다. 다른 종류의 문화적 형태들은 단지 현지 문화의 우월성을 인정하는 한에서만 허용이 되며, 이들 문화적 형태들은 역사적 산물로만 해석되는 것이 아니라 그들의 단일한 DNA에 새겨진 인종적 차이에 기인하는 것으로 해석된다. 비록 다문화주의가 현대자본주의를 덜 국경화한 것으로 표현하고 국경을 덜 인종적인 것으로 보이게 하지만, 다문화주의는 근본적으로 노동의 이동성을 관리하고 국경화된 자본주의를 재생산하는 국경의 이데올로기적 형태에 불과하다. 다문화 담론은 현재의 국경화된 자본주의가 끊임없이 지속되는 노동의 이동성을 다루는 하나의 방식을 반영할 뿐이다. 이런 대안 담론에서 국경은 여전히 우리가 어찌할 수 없는 현실로 남는다. 그것은 디스토피아적 현실로 남는다.

종종 거론되는 이 디스토피아적 현실에 대한 대안들은 대부분 정책대안들이다. 많은 것들이 있지만 몇 개만 거론하자면, ① 난민들에 대한 좀 더 많은 인도주의적 원조, ② 인신매매에 대한 좀 더 엄격한 통제, ③ 난민과 미등록외국인들을 수용소가 아닌 오픈캠프에 살도록 배려하는 것, ④ 국경의 성곽화의 중지, ⑤ 거주권에 대한 공정한 접근 기회 보장, ⑥ 좀 더 공정하고 투명하며 안전한 추방 과정, ⑦ 인종주의적인 범죄들에 대한 엄중한 처벌, ⑧ 가족을 데리고 올 수 있는 권리의 확보, ⑨ 이주노동 중개업자들에 대한 좀 더 엄격한 관리 등이 그것들이다. 이런 대안들은 국경이 가진 인종적이고 계급적인 통제효과를 최소화하고 국경을 공정하고 투명한 제도로 만드는 것을 목표로 둔다. 하지만 조삼모사 식으로 하나씩 상호연관 없이 도입되는 정책들은 문제를 해결하기보다는 문제를 볼 수 없게 만드는 효과가 더 크며, 기껏해야 일차원적인 대안 혹은 유사대안일 뿐이다. 우리는 기존에 존재하는 대안들 중 마음에 드는 것을 하나씩 주장하기보다는, 여러 가지 대안을 다차원적으로 생각할 필요가 있다. 다차원적 대안은 비전과 경험, 주체와 전략을 모두 가진 것이어야만 한다. 다시 말해서, 어떤 것이 하나의 대안이 될 수 있는가를 생각하는 것보다는 어떤 것들이 대안을 구성해나가고 있는가를 질문해야 한다.

6. 무국경 대안: 비전, 주체, 경험 그리고 전략들

국경화된 자본주의에 대해 존재하는 단 하나의 대안적 비전은 '무국경'이다. 지배의 체제에 대한 모든 진정한 대안들이 그러하듯이 무국경은 하나의 비전인 동시에 정치적 기획이다.

무국경의 비전은 모든 사람에게 이동하고 머무를 자유를 획득하는 것에 관한 것이다. 이것은 자유시장에서 상품과 인간의 자유로운 이동에 대한 자유주의적 환상과는 명확히 구분된다(Gill, 2009). 무국경 비전은 '국민국가의 지구적 체제와 그것과 연결된 자본주의의 지구적 체제가 가지는 정당성 그 자체'에 대해 질문을 던진다(Anderson, 2009: 11). 이 비전은 사유재산을 위한 자유시장을 건설하는 것이 아니라 세계를 하나의 공공재로, 하나의 공유지(common)로 재탈환하기 위한 것이다. 이것은 국가가 관리하는 시민권을 누구에게나 부여한다는 비전이 아니다. 오히려 누구는 허용하고 누구는 허용하지 않는 것을 결정하는 권위를 국가가 갖고 있다는 사실을 인정하는 것을 거부하는 것이다. 이 비전은 공정하고 투명한 이민법들에 관한 것이 아니다. 오히려 무국경 비전은 인간을 불법적으로 만들 권위를 허용하는 모든 이민법의 궁극적인 부정당성에 주목한다.

이런 비전은 유토피아적 꿈이 아니라 '누구도 불법이 될 수 없다'는 슬로건하에 벌어지고 있는, 국경의 안에서 그리고 국경에 대항하는 실제로 존재하는 대중운동의 전 지구적 경험에 뿌리를 둔다. 이 슬로건은 미국정부가 100만 명 이상의 멕시코 이주자들을 추방하기 위해 1954년 실시한 웻백(Wetback) 작전 — 최소 88명의 멕시코 미등록 이주자가 숨졌고 더 많은 사람이 수없이 많은 학대행위를 겪었다는 보고가 있었던 이 작전 — 에 반대한 대중운동에서 처음으로 등장했다(Anderson, 2009: 11). 무국경 비전에 영감을 준 좀 더 최근의 투쟁은 1996년 3월 18일 80명의 여성과 100명의 아이가 포함된 324명의 아프리카 이주민들이 프랑스 생앙브루아즈(Saint Ambroise)에 위치한 교회를 점거하면서 시작된 상파피에(Sans Papier, '페이퍼 없는'이라는 뜻으로, '불법' 혹은 '미등록 체류자'를 의미한다) 운동이다.

이 점거자들은 망명 신청자들 외에도 좀 더 까다로운 이주자들을 관리하기 위해 새로 도입된 법에 의해서 불법이주자가 되어버린 노동자들로 구성되어 있었다. 계속되는 강제추방의 위협에 맞서 점거자들은 "더 이상 정부 기관과 고용주, 집주인들의 전횡적인 대우의 희생자가 되지 않고자 페이퍼를 요구하기 위해서" (합법적인 지위를 요구하기 위해서) "음지로부터 나오기로 결정했다". 이 선언은 또한 "우리는 더 이상 우리의 피부색과 감금, 강제추방, 가족과의 생이별, 끊임없는 공포에 근거한 통제라는 치욕에 시달리기를 원하지 않는다"라고 적고 있다(Hayter, 2004: 143 재인용). 그들의 점거농성은 곧 이들 미등록자들의 합법화를 요구하는 지지자들의 단식투쟁과 시위를 불러일으켰다. 이 투쟁이 시작한 지 단 몇 달 만에 프랑스 전역에서 적어도 25개의 미등록자 공동체가 만들어졌다. 프랑스 당국은 폭력적으로 대응했다. 1996년 8월 23일에는 무장한 경찰들이 이들이 점거한 두 번째 시위장소인 생베르나르(Saint Bernard) 교회를 습격했고, 점거자들과 그들의 아이들과 지지자들을 체포했다. 그러나 국가의 탄압에도 불구하고 점거와 계속되는 시위는 상파피에 운동을 전국적인 것으로 확대시켰고, 곧 전 유럽적인 운동으로 변화시켰다. 1999년에 이르면 상파피에 운동의 시위와 집회에 거의 모든 유럽연합 국가에서 온 시위자들이 참가했다.

이 운동에서 주목할 한 가지는, 이 운동이 미등록 이주자들 자신들에 의해서 추진되었다는 점이다(Hayter 2004: 142). 많은 무국경 운동의 경험들은 확실히 이주자들 자신이 무국경 운동의 주체임을 보여준다(Anderson 2009: 11). 이주자들은 가치증식과 유동노동의 통제 사이에서 균형을 잡으려는 자본과 국가의 노력의 산물인 국경에 대한 지속적인 도전을 통해서 능동적인 정치적 주체로 거듭난다. 이런 도전들은 시민들을 지배하는 도구이자 시민들의 힘을 강화하는 제도로서 자유민주주의적 자본주의 관리의 핵심에 자리하는 기존의 시민권에 새로운 긴장을 불어넣는다(Isin, 2009: 371).

불법적이거나 혹은 반합법적 지위를 가졌음에도 불구하고 이들 이주자들은 종종 자신들을 사실상의 시민이라고 생각하고, 그렇게 행동함으로써 정치적 주체임을 자임한다. 이렇게 해서 그들은 '법에 의해서 인정된 선험적인 행위자가 아니지만' 그럼에도 불구하고 '행동을 통해서 스스로 자신들을 규정함으로서 그들을 인정하고 있지 않는 법에 영향을 미치는' 활동가 시민(activist citizen)으로 행동한다(Isin, 2009: 382). '활동가 시민'은 시민권을 아래로부터 만들어내며 비유동성과 고정된 영토성과 정체성에 근거한 하나의 사회적 범주와 제도로서의 기존의 시민권의 양식에 도전한다. 잉긴 F. 아이신(Engin F. Isin)이 지적하듯이 "정해진 각본에 따라 시민의 역할, 즉 투표와 세금납부, 군복무 등을 수행하는 활동적인 시민(active citizen)과 다르게 활동가적 시민은 새로운 각본을 써내려가고 새로운 장면을 연출해낸다"(2009: 381). 시민이라고 자임한 이주자들이 시민권을 아래부터 창출해내는 과정은 단지 받아들여지고 싶어 하는 그들의 욕망을 보여준다. 그뿐만 아니라 기존의 시민권을 다시금 하나의 경쟁적인 지배와 저항의 장으로 전환하고, 시민인 '우리'가 '그들'에게 행한 근본적인 부정의를 감춰버리는 시민권의 영광을 손상시키며 시민의 개념을 진정한 민주주의를 위한 급진적인 주체로 복귀시킨다.

이주자 주체의 풍부한 투쟁의 경험은 자유로운 이동을 위한 비전을 강화하는 동시에 무국경이라는 정치적 프로젝트의 투쟁 과정에서 만들어진 구체적인 대안적 전략들을 제공한다. 다른 무엇보다도 그들의 투쟁은 이주자들의 조직들이 무국경 프로젝트를 추구하는 과정에서 중심적인 역할을 수행한다는 사실을 보여준다. 특히, 이주노동자 조합은 자본주의적 사회관계의 재생산에서 국경이 가지는 중심적인 역할과 자본주의적 발전에서 야기되는 부정의들을 극복할 때 국경에 대한 도전이 가지는 필연성을 부각하는데 매우 효과적이다. 이주노동자들과의 연대를 구축하는 것은 국경을 그 내부로부터 해체할 수 있는 출발점이다. 이때 이주노동자 조직들의 자율성은 이주노동자 운동이 그들의 일국사회 운동에 대한 공헌과 유용성에 의해서 평가되는 것을 막기 위해서 반드시 보호되어야만 한다. 그러나 일국의 사회운동에서, 특히 노동조합 운동에서 이주자 조직들을 일국노동자계급 운동의 한 부분으로 통합하는 것 역시 필수적이다.

유동노동을 길들이는 계급적 제도로서의 국경을 해체하는 시도에서 '모든 사람에게 거주의 권리를'과 '모든 미등록 이주자의 정상화'와 같은 요구들은 폭력적인 이민제도에 대한 주요한 대안으로 제안되어왔다. 그자체로 그런 요구들은 무국경 운동의 목표가 아니라 수단에 불과하다. 그러나 이런 요구들은 국경이 어떻게 인간을 하나의 노동력의 담지자로 전환하는지를 보여주기 위해서 필수적이다. 미등록 이주자의 정상화는 이주자들이 합법적으로 거주국에 머무를 수 있는 기간을 연장하는 것이 주요 목적인데, 그렇게 함으로써 고용주들이 그들의 불안정하고 불법적인 지위를 이용해서 이주노동자에게 가하는 극단적 형태의 착취를 방지하기 위해서 반드시 필요하다. 모든 사람에게 거주권을 부여하라는 요구는 모든 이주자들에게 거주지에 영원히 머무를 권리를 부여한다는 점에서 미등록자의 정상화보다 근본적인 요구이며, 이주자의 경제적 권리뿐만이 아니라 사회적이고 정치적인 권리들을 쟁취하고자 하는 요구이며, 이주자들이 정치적으로 강화될 수 있는 조건을 제공하는 데 필수적이다. 이들 두 가지 구체적인 대안은 그들이 국가의 권위를 인정한다는 점에서, 법적인 지위의 중요성에 굴복한다는 점에서 한계를 갖고 있지만 비인간적인 체포와 추방의 경험을 겪어야 하는 이주자들의 숫자를 최소화한다는 점에서 중요하다.

인종주의적 제도로서의 국경 역시 많은 곳에서 도전을 받고 있다. 반차별법이나 혐오범죄를 방지하는 법적 장치들은 많은 자유주의적 이상을 가진 권리 중심의 사회운동에서 주장되어왔다. 이들의 노력은 많은 선진자본주의국가에서 그런 법들이 도입되게끔 했다. 물론 이런 법적 장치들 역시 국가권력, 시민권, 법 앞의 평등 등의 자유주의 실천에 근거한 것임은 분명하다. 하지만 이런 장치들이 국경의 인종적 성격을 폭로하고 무국경을 위해 투쟁하는 이주자들에게 최소한의 보호장치를 제공하는 것을 부인할 수는 없다. 특히 종족민족주의가 지배적인 한국과 같은 곳에서는 더더구나 그렇다.

마지막으로, '누구도 불법이 될 수 없다'라는 슬로건 아래에서 발전하는 무국경 운동들은 종종 아무도 보지 않는 곳에서 벌어지는 국경통제에 민주주의적 압력을 가하는 것이 얼마나 중요한지를 보여줬다. 국경의 민주화는 출입국 통제에 관련된 정책의 도입이나 실제적인 집행을 공공의 감시하에 둠으로써 누구도 출입국 관리 기관들의 전횡적이고 불법적인 행위에 시달리지 않도록 하는 것을 의미한다. 이주자와 난민에 대한 강제추방과 불법적인 구금, 학대에 대한 저항은 국경의 민주화에서 반드시 필요한 행동들이다.

7. 결론

국경에 대한 대안으로서의 '무국경'은 국경과 자본주의 간의 불가분의 관계를 우리에게 환기해준다. 국경은 폭력적인 동시에 물신적인 자본주의적 사회관계의 재생산에서 핵심적인 역할을 수행한다. 이런 점에서 국경에 대한 도전은 자본주의에 대한 도전 이후에 다루어져야 할 문제가 아니라, 자본주의의 대한 도전과 동시에 이루어져야 한다. 무국경은 실제로 존재하는 지구적 자본주의의 역사적 형태인 '국경화된 자본주의'에 대한 변혁적인 대안이다. 이 대안은 거주와 이전의 자유에 대한 비전을 가지며 수백만 명의 이주자 주체들의 투쟁을 통해서 서서히 그러나 지속적으로 형성되어왔다. 무국경 대안은 유동노동의 착취라는 자본의 필연적 요구와 과도한 노동유동성의 통제 사이에서 갈등하는 자본주의의 원천적 딜레마의 산물이며 동시에 이 딜레마에 대한 세계 노동자계급의 해결책이다.

참고문헌

Anderson, B. 2011. "Migration: controlling the unsettled poor." https://www.opendemo-
cracy.net/5050/bridget-anderson/migration-controlling-unsettled-poor

_____. 2013. *Us and Them? The Dangerous Politics of Immigration Control.* Oxford
University Press.

_____. 2014. "Exclusion, Failure, and the Politics of Citizenship." http://www.ryerson
.ca/content/dam/rcis/documents/RCIS_WP_Anderson_No_2014_1.pdf

Anderson, B., N. Sharma and C. Wright. 2009 "Editorial: Why No Border?" *Refugee*,
26(2), pp. 5~18.

Andrijasevic, R. and B. Anderson. 2009. "Conflicts of mobility: Migration, labour and
political subjectivities." *Subjectivity*, 29, pp. 363~366.

Balibar, E. 1991. "Is there a 'Neo-Racism'?" in E. Balibar(ed.). *Race, Nation, Class:
Ambiguous Identities.* Verso.

Breman, J. 1989. *Taming the Coollie Beast: Plantation Society and the Colonial Order
in South East Asia.* Oxford University Press.

Chang, D. 2008. *Capitalist Development in Korea: Labour, Capital and the Myth of
the Developmental state.* Routledge.

Clarke, S. 1991. *Marx, Marginalism and Modern Sociology: From Adam Smith to Max
Weber.* Macmillan.

De Genova, N. 2009. "Conflicts of mobility, and the mobility of conflict: Rightlessenss,
presence subjectivity, freedom." *subjectivity*, 29, pp. 445~466.

Federici, S. 2004. *Caliban and the Witch: Women, the Body and Primitive Acc-
umulation.* Autonomedia.

Ferguson, S. and D. McNally. 2015a. "Capitalism's unfree global workforce." https://
www.opendemocracy.net/beyondslavery/susan-ferguson-david-mcnally/capitali
sm%E2%80%99s-unfree-global-workforce

_____. 2015b. "Precarious Migrants: Gender, Race and the Social Reproduction of a
Global Working Class." *Socialist Register*, 51, pp. 1~23.

Gill, N. 2009. "Whose 'No Border'? Achieving Border Liberalization for the Right
Reasons." *Refugee*, 26(2), pp. 107~120.

Han, G. S. 2007. "Multicultural Korea: Celebration or Challenge of Multiethnic Shift in Contemporary Korea?" Korea Journal, pp. 32~62.

Hayter, T. 2004. Open Borders: The Case Against Immigration Controls. Pluto.

Isin, Engin F. 2009. "Citizenship in flux: The figure of the activist citizen." Subjectivity, 29, pp. 367~388.

Kaur, A. 2004. "Labour Dynamics in the Plantation and Mining Sector." in Elmhirst, R(ed.). Labour in Southeast Asia: Labour processes in a globalised world. RoutledgeCurzon.

Kim, J. 2014. "The Colonial State, Migration, and Diasporic Nationhood in Korea." *Comparative Studies in Society and History*, 56(1), pp. 34~66.

Kim, H. R. and I. Oh. 2011. "Migration and Multicultural Contention in East Asia." *Journal of Ethinic and Migration Studies*, 37(10), pp. 1563~1581.

Linebaugh, P. and M. Rediker. 2012. *The Many-Headed Hydra: The Hidden History of the Revolutionary Atlantic*. Verso.

Marx, K. 1976. *Capital I*. Penguin

Marx, K. and F. Engels. 1848. "Manifesto of the Communist Party." https://www.marxists.org/archive/marx/works/download/pdf/Manifesto.pdf

Mezzadra, di Sandro. 2010. "The Gaze of Autonomy. Capitalism, Migration and Social Struggles."http://www.mara-stream.org/wp-content/uploads/2011/10/Sandro-Mezzadra Mezzadra_The-Gaze-of-Autonomy.-Capitalism-Migration-and-Social-Struggles.pdf

Morris-Suzuki, T. 2006. "Changing Border Control Regimes and their Impact on Migration in Asia." in Kaur, A(ed.). *Mobility, Labour Migration and Border Control in Asia*. Palgrave Macmillan.

No One Is Illegal. 2003. "No One is Illegal Manifesto." http://www.noii.org.uk/no-one-is-illegal-manifesto

Papadopoulos, D., N. Stephenson and V. Tsianos. 2008. *Escape Routes. Control and Subversion in the 21st Century*. Pluto.

Torpey, J. 2000. *The Invention of the Passport: Surveillance, Citizenship and the State*. Cambridge University Press.

ㄱ

ㄴ

지은이

장귀연

경상대학교 사회과학연구원 연구교수

주요 논저: 「자본의 노동 포섭 형태 변화와 자영노동의 실질적 종속」(2015), 「노동의 대안적 원리」(2015), 『왕자와 거지의 비밀: 산업자본주의와 노동자계급의 형성』(2011), 『비정규직』(2009) 등

김영수

경상대학교 사회과학연구원 연구교수

주요 논저: 『지식의 공공성 딜레마』(공저, 2015), 『철도 공무원 노동자의 공공성과 생활세계』(2015), 『전노협 1990~1995』(공저, 2013), 『신새벽: 서울대병원노동조합 20년 역사』(공저, 2013), 『공무원 노동운동사』(공저, 2010), 『민주주의를 혁명하라』(2009), 『과거사 청산, '민주화'를 넘어 '사회화'로』(2008) 등

장상환

경상대학교 경제학과 교수

주요 논저: 「세계화와 농업문제의 전환」(2012), 『대안적 경제전략과 한국경제』(공저, 2009), 『한국의 농업정책』(공저, 1995), 『농업·농민문제연구 1』(공저, 1988), 「농지개혁에 관한 실증적 연구」(1985) 등

정진상

경상대학교 사회학과 교수

주요 논저: 『교사의 사회의식 변화: 2005~2014』(2015), 『대학서열체제연구: 진단과 대안』(공
저, 2007), 『한국 노동계급의 형성: 1987~2003』(공저, 2006), 『국립대 통합네트워크: 입
시지옥과 학벌사회를 넘어』(2004) 등

장대업

서강대학교 국제한국학과 부교수

주요 논저: "East Asia: A Slippery Floor for the Left"(2015), "The global economic crisis and
East Asian labour migration: a crisis of migration or struggles of labour?"(2015),
"Labour and Developmental State: A Critique of the Developmental State Theory of
Labour"(2013), "Capitalist Development in Korea: Labour, Capital and the Myth of the
Developmental State, Routledge"(2009) 등

경상대학교 사회과학연구원

경상대학교 사회과학연구원은 사회과학 전 분야의 유기적 연계와 협동을 통해 노동문제를 비롯한
주요 사회문제와 국내외 문제를 연구하고 있으며, 매년 수행한 공동연구와 학술대회 및 워크숍의 연
구성과를 '사회과학연구총서'(한울엠플러스(주) 간행 단행본 시리즈)로 간행하고 있다. 경상대학교
사회과학연구원은 2001년도에 한국학술진흥재단 중점연구소로 지정되어 전임연구교수를 중심으
로 공동연구를 수행하고 있으며, 전문학술지 ≪사회과학연구≫와 ≪마르크스주의 연구≫(한울엠플
러스(주))를 정기적으로 발간하고 있다.

인터넷 홈페이지 http://iss.gnu.ac.kr

이메일 iss@gnu.ac.kr

한울아카데미 1821
경상대학교 사회과학연구원 사회과학연구총서 45

자본의 세계화와 한국사회의 계급구조 변화

ⓒ 정진상 외, 2015

엮은이 ㅣ 경상대학교 사회과학연구원
지은이 ㅣ 정진상·장귀연·김영수·장상환·장대업
펴낸이 ㅣ 김종수
펴낸곳 ㅣ 한울엠플러스(주)

편집책임 ㅣ 배유진
편집 ㅣ 성기병

초판 1쇄 인쇄 ㅣ 2015년 12월 15일
초판 1쇄 발행 ㅣ 2015년 12월 25일

주소 ㅣ 10881 경기도 파주시 광인사길 153 한울시소빌딩 3층
전화 ㅣ 031-955-0655
팩스 ㅣ 031-955-0656
홈페이지 ㅣ www.hanulmplus.kr
등록번호 ㅣ 제406-2015-000143호

Printed in Korea.
ISBN 978-89-460-5821-7 93330

* 가격은 겉표지에 표시되어 있습니다.

이 책은 경상대학교 사회과학연구원이 수행하고 있는 한국연구재단의 중점연구소 지원 연구
과제, '대안세계화운동과 대안사회경제모델 연구'의 2단계 과제 '세계화와 축적체제 및 계급구
조 변화'(NRF-2010-413-B00027)의 1세부과제 3차년도(2012.12~2013.11) 연구결과를 엮
은 것입니다.